Réforme du secteur de l'électricité

en République démocratique du Congo

Les écueils d'une politique publique de développement

Rémy KACHOKO K. K.

Réforme du secteur de l'électricité

en République démocratique du Congo

Les écueils d'une politique publique de développement

Préface de Max Munga Mobindo

L'Harmattan

5-7, rue de l'École-Polytechnique – 75005 Paris

www.editions-harmattan.fr

ISBN : 978-2-343-21791-8
EAN : 9782343217918

« Pour développer un pays, il n'y a pas meilleur moyen que la disponibilité d'une énergie à la fois abondante, de qualité et bon marché. L'énergie est l'un des catalyseurs les plus déterminants, à côté des infrastructures de transport, pour la transformation d'un pays ».

Jean-Louis BORLOO,
Homme politique français,
ancien ministre de l'Énergie
et initiateur du projet
Énergie pour l'Afrique.

Dédicace

A ma femme Jacqueline et mes enfants Yves, David, Joël, Gaël et Roger : sources intarissables de réconfort dans toutes mes épreuves.

Remerciements

La rédaction de ce condensé du secteur de l'électricité de la République Démocratique du Congo n'a pas été aisée. Elle n'a pas reçu la collaboration ni tout l'appui attendus pour sa perfection.

Cependant, certaines personnes, de différents horizons, se sont montrées disponibles et attentives à ma démarche. Il convient de les remercier. C'est le cas notamment du Professeur MATANGILA Léon qui a accepté de relire, corriger l'ouvrage et assurer le suivi pour son édition. Toute ma gratitude au Directeur de Cabinet du Ministre de l'Energie et Ressources hydrauliques de La RD Congo, Monsieur BOYA BOZENE Louis, qui a favorisé l'obtention de certaines statistiques et informations sectorielles. Ma reconnaissance à Monsieur LALA Gaston, expert au Système d'Information Energétique de la RD Congo, qui a mis à ma disposition des données statistiques sectorielles qui lui étaient accessibles. Je dis mes remerciements à Monsieur MUNGA MOBINDO Max, Président Directeur Général historique de la Snel et Coordonnateur de l'UCM, qui a bien voulu préfacer ce livre. Je n'oublie pas Monsieur MBAFUMOYA Albert, Directeur à la Snel, pour ses différentes interventions. Merci à Monsieur BOYE Henri, Consultant international en énergie, pour ses avis et indications bibliographiques. Je suis reconnaissant envers toutes celles et tous ceux qui m'ont soutenu dans la réalisation de cet ouvrage

Liste des abréviations

AIE (IEA): Agence Nationale de l'Energie
BAD: Banque Africaine de Développement
BCC: Banque Centrale du Congo
BM: Banque Mondiale
CIE: Compagnie Ivoirienne de l'Electricité
DPSE: Document de Politique du Secteur de l'Electricité de la RDC
DSCE: Document de Stratégies pour la Croissance et l'Emploi du Cameroun
KFW: Kreditanstalt Für Weideraufbau (Banque de reconstruction allemande)
LPDSE: Lettre de Politique de Développement du Secteur Energétique du Sénégal
MERH: Ministère de l'Energie et Ressources Hydrauliques (RDC)
PEPT: Programme d'Electricité Pour Tous (Côte d'Ivoire)
PIB: Produit Intérieur Brut
PIE: Producteur Indépendant d'Electricité
PNUD: Programme des Nations Unies pour le Développement
PNUE: Programme des Nations Unies pour l'Environnement
PSE: Plan Sénégal Emergent
RD Congo (RDC): République Démocratique du Congo
SIE: Système d'Informations Energétiques (MERH RDC)
Snel: Société Nationale d'Electricité (de la RDC)
UCM: Unité de Coordination et de Management des projets (MERH RDC)
USD: Dollars américains
WAPP: Pool Energétique de l'Afrique de l'Ouest

Préface

Comme tous les pays de par le monde, la République Démocratique du Congo aspire au développement économique et au mieux-être de sa population. Elle doit donc se donner les moyens de parvenir à cet objectif légitime.

Lorsqu'on observe le rythme de croissance de la RD Congo, on s'aperçoit qu'il est faible en moyenne et instable, dans tous les cas loin de l'idéal d'une croissance forte, soutenue et résiliente aux chocs extérieurs. Différentes recherches ont montré que cela tient à la structure de notre économie. Une économie qu'il faut transformer et diversifier pour mieux la développer, comme font remarquer régulièrement les experts nationaux et les partenaires au développement.
Mais hélas, ni la transformation structurelle, ni la diversification de l'économie comme l'amélioration de la qualité de vie des populations, ne seront obtenues sans la mise à disposition des activités productives et des ménages, dont l'énergie électrique indispensable à la couverture de leurs besoins. La question de la pénurie énergétique est, par conséquent, une urgence à résoudre si l'on veut se donner les moyens d'atteindre l'objectif de développement économique et social. De quelles formes d'énergie s'agit-il ? Idéalement celles pour lesquelles le pays est le mieux doté en ressources ; celles qui sont techniquement mieux maîtrisées, les plus faciles et les moins coûteuses à développer.
L'exploitation du gisement hydroélectrique de la RDC, parmi les plus riches au monde, répond le mieux à ces considérations, tout en permettant de rencontrer les exigences environnementales de lutte contre le

réchauffement climatique. Sans compter, notamment, un énorme potentiel en énergie solaire inexploité, rapide à mettre en œuvre à des coûts devenus proches de l'hydroélectricité grâce aux dernières avancées technologiques en ce domaine. La réforme du secteur de l'électricité édictée par la loi de libéralisation de juin 2014 qui vise à accroître considérablement notre offre électrique intérieure avec le concours du secteur privé est la seule option pour vaincre la pénurie énergétique qui plombe le développement de notre nation.

Ce sujet d'intérêt stratégique indéniable est traité sans complaisance dans cet ouvrage, un des rares à rompre avec l'abondante littérature consacrée à ce domaine et presqu'exclusivement constituée d'études, des rapports et des revues sans lendemain, généralement élaborés par nos partenaires au développement. Ceci est d'ailleurs amplement reflété dans la bibliographie reprise dans les annexes à l'ouvrage.

Statistiques à l'appui, l'ouvrage montre que les résultats de la réforme du secteur de l'électricité, qui tire indéfiniment en longueur, sont moins que satisfaisants. Ce qui tend à confiner notre pays bien loin des objectifs assignés par le document de politique sectorielle validée il y a plus de dix ans maintenant, en 2009. En effet, notre consommation annuelle d'électricité par habitant – comme notre taux de desserte nationale en électricité – stagne d'une année à l'autre. Ils se situent parmi les plus faibles au monde, bien en deçà de la moyenne en Afrique subsaharienne.

Dans une analyse comparative avec certains pays d'Afrique – Sénégal, Côte d'Ivoire, Cameroun – qui se sont résolument engagés dans la voie de la réforme de leur secteur électrique - Rémy KACHOKO a mis en évidence les réussites éclatantes qui y ont été enregistrées, et les facteurs essentiels à la base de ces résultats plus qu'encourageants. Aussi, ces pays peuvent-ils prétendre approcher à grand pas et la tête haute, l'Objectif 7 du Développement Durable, en particulier sa cible 7.1.1 et partant, le statut des pays émergents.

Dans une approche dialectique, ces facteurs différentiels, qui expliquent la réussite des réformes du secteur d'électricité dans les autres pays, sont repris en tant que préalables au succès des stratégies de réforme aptes à corriger la trajectoire vicieuse du secteur de l'électricité de la République Démocratique du Congo.

Réussir la réforme de ce secteur et offrir une électricité abondante, fiable et bon marché à notre système productif pour le rendre compétitif ; diversifier notre économie et améliorer la qualité de la vie de nos concitoyens, tout cela relève du domaine du possible, dès lors que nous nous résoudrons à nous y engager fermement et à nous y tenir, avec de la volonté politique, de la détermination et de la bonne gouvernance.

Bonne gouvernance, ce vocabulaire à la mode, répété comme en refrain par tous ceux qui se disent être Conseillers de la République, n'est pas utilisé dans cet ouvrage par vague mimétisme. Bien au contraire, la sémantique y est explicitée et placée dans son contexte. Sa pertinence est démontrée dans cet ouvrage qui déjà, a gagné sa place dans toute bibliothèque de sciences sociales.
Pour toutes ces raisons, il faut recommander la lecture de cette publication à tous ceux qui s'intéressent au développement de notre pays, la République Démocratique du Congo.

Max MUNGA MOBINDO

Introduction générale

La pénurie d'énergie électrique touche au quotidien nos vies dans nos ménages, en milieu urbain en particulier, et affecte tant d'activités économiques indispensables pour notre existence. Ce phénomène qui semble perdurer en RD Congo devient véritablement un fléau et l'objet de récriminations de nos concitoyens.

Étant donné l'ampleur de son impact, la sous électrification sévère du pays, parmi les mieux dotés en ressources énergétiques au monde, s'est aussi taillé une bonne place dans les agendas des rencontres dédiées qui sont organisées au niveau national et parfois même à l'extérieur aux réunions spécifiques à l'initiative des partenaires divers.

Malgré ces multiples réunions sous des dénominations variées (forum, conférence, état des lieux, atelier…), on note avec émoi que le progrès dans le secteur d'électricité, pourtant connu comme secteur industrialisant, indispensable pour l'amélioration significative de la situation économique et sociale des populations et la lutte contre la pauvreté, est encore négligeable.

L'énergie est un facteur déterminant pour l'exploitation à grande échelle des ressources naturelles de la RD Congo et leur transformation en richesses en vue d'améliorer le bien-être collectif.

Le déficit énergétique endémique du pays étouffe son développement économique et social depuis des années. Cette détresse a perduré au point que les consommateurs effectifs et potentiels d'électricité dans leur diversité pourraient commencer à perdre l'espoir.

En effet, c'est depuis son existence que la RD Congo a son immense potentiel hydroélectrique, auquel s'ajoutent d'autres ressources énergétiques comme les hydrocarbures, la lumière solaire, la géothermie, le vent, le charbon…dont on s'accommode à dire que leurs réserves ne sont pas encore bien connues. Et pendant ce temps, ce long temps, ces ressources gelées restent improductives, laissant la place aux affres de la pauvreté.

L'histoire nous apprend que le progrès et le développement ne sont pas les faits du hasard ou d'une baguette magique, ils découlent d'un processus volontariste de longue durée et de longue haleine qui ne se réalise qu'avec une bonne combinaison de la prise de conscience, la volonté politique, l'effort, l'assiduité et la détermination. Toutes les grandes Nations d'aujourd'hui ont suivi cette trajectoire. On peut citer les États-Unis, la Chine, l'Inde et la Russie qui sont des cas d'école du développement endogène.

En droite ligne avec cette conviction, le célèbre écrivain nigérian et prix Nobel de littérature, WOLE SOYINKA, vient de lâcher une longue diatribe saisissante, dans la série des réactions au meurtre racial perpétré récemment (fin mai 2020) aux USA, dont on peut extraire notamment ce passage : « *On ne construit une Nation, un royaume ou un empire que par le travail, la détermination, la solidarité, la persévérance, la quête absolue de la liberté, la foi et le combat, au service d'une cause supérieure à notre propre vie* ».

Loin d'être un simple exercice de rhétorique, l'ouvrage "Réforme du secteur de l'électricité en République Démocratique du Congo" poursuit les objectifs ci-après :

(i) Accroître la prise de conscience de tous ceux qui sont concernés par la problématique de l'électricité

Décideurs politiques, responsables administratifs, opérateurs sectoriels, consommateurs, intellectuels…chacun a un rôle à jouer, une action à entreprendre pour promouvoir le secteur d'électricité, sans lequel il serait difficile pour le pays d'atteindre son émergence économique et sociale.

Il n'existe pas un pays au monde qui s'est développé sans assurer sa sécurité énergétique. Sans énergie en abondance, le progrès de la RD Congo restera à un niveau marginal.

À ce jour, en effet, la desserte réelle[1] en électricité est restée figée à un niveau très faible avec des tendances parfois dégressives sur les 20 dernières années.

---

[1]Cette notion fait allusion à la disponibilité effective de l'énergie électrique lorsque l'on prend en compte le délestage, les innombrables ruptures de fourniture et la qualité du service offert au consommateur

ii) Tenter de cerner les causes les plus pertinentes du mauvais bilan de la réforme sectorielle

L'ouvrage se propose de chercher à comprendre pourquoi les objectifs de la réforme qui vise le développement de l'électricité tardent à être atteints.

Il est impérieux d'avancer des réponses au questionnement légitime de tous ceux qui ont du mal à s'expliquer le manque de progrès de l'électrification pourtant restée pendant longtemps un thème privilégié du discours politique.

Proposer de nouvelles idées et de nouvelles approches pour donner des solutions adéquates à la crise énergétique de la RD Congo devient une urgence.

(iii) Demander plus de volonté politique et la détermination auprès des décideurs

Le refrain patriotique qui consiste à vanter la RD Congo comme un scandale géologique par les minerais qui remplissent son sous-sol, agricole par ses vastes étendues des terres arables, puis hydrographique par ses nombreux cours d'eau avec un potentiel hydroélectrique considérable devient anachronique au 21e siècle, si ces avantages naturels n'apportent pas le développement économique et le bien-être aux populations.

(iv) Considérer les engagements internationaux et nationaux dans le domaine énergétique

La RD Congo compte parmi les pays où la desserte en électricité est la plus faible dans le monde, moins de 20%, malgré son potentiel considérable qu'elle n'arrive pas à développer.

En tant que pays membre des Nations Unies, elle a souscrit à des engagements dans le domaine énergétique, notamment dans le cadre du programme de Développement durable qui a fixé 17 objectifs de développement durable lors de la 70e assemblée des Nations Unies tenue à New York en septembre 2015.

Parmi ces objectifs, le 7e est sans équivoque ; il recommande de « *Garantir l'accès de tous à des services énergétiques fiables, durables et modernes, à un coût abordable d'ici à 2030* ». Cet objectif est éclaté en quatre cibles spécifiques, dont la cible 7.1.1 qui est l'accès universel à l'électricité.

Accomplir un tel engagement requiert des dispositions efficaces et coordonnées à mettre en œuvre pour les pays sous-équipés comme la RD Congo.

À côté de cet engagement international, la Constitution du pays, en son article 48, fait de l'accès à l'énergie électrique un droit du citoyen et une obligation conséquente de l'État.

Ainsi la question de la disponibilité et d'accès à l'énergie électrique prend une grande dimension politique et sociale.

(v) Rassembler les informations

A part le côté interpellateur qui a motivé la rédaction de cet ouvrage, le souci de réunir des informations actualisées, des idées et des réflexions sur le secteur d'électricité dans un seul support est un autre objectif visé.

Ces informations concernent les statistiques du secteur, notamment les séries chronologiques relatives à l'offre, au besoin, au déficit, à l'investissement pour appréhender l'évolution de l'électrification et évaluer l'impact des mesures qui sont déjà prises dans le cadre de la réforme.

Dans la réflexion sur les causes de la fracture énergétique en RD Congo plusieurs hypothèses peuvent être avancées, notamment: (i) la priorisation stratégique inadéquate du secteur d'électricité dans la politique de développement national, (ii) une mauvaise appréhension du processus de développement socioéconomique confondant les facteurs et leurs effets, (iii) une sous-estimation de la capacité transformatrice de l'énergie, (iv) ou simplement la préférence pour les activités spéculatives Assurant des retours sur investissement dans le coût terme.

Pour changer cet état d'esprit, il convient d'insister encore plus sur l'enjeu économique et social de l'électrification et de continuer de soutenir le développement du secteur d'électricité, catalyseur de l'activité économique à grande échelle. Aussi faut-il demander une implication encore plus forte des pouvoirs publics en premier lieu, des partenaires au développement, du secteur privé et des citoyens en faveur du développement énergétique de la RD Congo.

La situation énergétique critique de la RD Congo n'est ni une fatalité, ni un fait irrémédiable. Les ressources étant disponibles en abondance, les politiques et stratégies sectorielles contreproductives qui ont rendu peu attractif le secteur, avec en corollaire le sous-investissement dans l'électrification, devraient être revisitées.

Ce livre n'a pas la prétention de tout dire sur les changements indispensables pour l'électrification de la République Démocratique du Congo. D'autres apports sont souhaitables pour enrichir la réflexion. S'agissant de la présente réflexion, elle a été menée avec une approche méthodologique mixte associant la recherche documentaire, l'étude des réformes des secteurs énergétiques d'autres pays semblables à la RD Congo, l'analyse des statistiques et tout cela porté par notre expérience personnelle du secteur électrique congolais.
Il faut regretter que beaucoup d'hommes de métier contactés n'aient pas marqué un intérêt suffisant pour ce travail de recherche qui a pâti de l'indisponibilité des statistiques récentes du secteur d'électricité pour améliorer la pertinence de nos analyses. Les sujets techniques semblent ne pas encore susciter l'attention du monde intellectuel congolais, ni du cercle décisionnel. Il était éprouvant de pouvoir se ressourcer pour rédiger ces quelques pages. Réforme du secteur de l'électricité en RD Congo comprend six chapitres. Le premier chapitre est un rappel des généralités sur l'électricité. Le second porte sur l'économie de l'électricité. Le troisième chapitre a pour pierre de touche le secteur de l'électricité en République Démocratique du Congo avant d'en envisager les réformes au quatrième chapitre. Le cinquième chapitre "Au-delà du document de politique du secteur d'électricité" évoque des aspects d'ordre sociopolitique propres au pays qui n'ont pas été suffisamment pris en compte dans le document de politique précité, avec un recours aux exemples de réussite d'autres pays d'Afrique subsaharienne. Le sixième chapitre parle enfin des considérations finales, en donnant un point de vue sur le secteur d'électricité national et son avenir.

Chapitre 1
Généralités sur l'électricité

Ce chapitre qui comprend trois points vise à familiariser le lecteur avec l'électricité, sa notion et son histoire dans le premier point. Il souligne le rôle que l'énergie électrique a joué dans l'accélération du développement économique au second point et évoque à son troisième point le rapport entre les considérations climatiques actuelles et l'énergie qui est l'un des secteurs moteurs du réchauffement climatique, en accordant une place de choix aux énergies renouvelables.

1.1. Origines de l'électricité, grandes étapes d'une découverte prodigieuse

Se souvenir de grands hommes qui par leurs idées, leurs découvertes ou par leurs inventions ont contribué au bien-être de l'humanité est la meilleure façon de leur rendre hommage, un hommage mérité.
L'électricité a toujours existé dans l'univers sans qu'on en connaisse ni les propriétés, ni l'utilité pendant très longtemps.
C'est aux alentours de 600 ans avant Jésus-Christ que Thalès de Millet observa, qu'en frottant une tige d'ambre avec une peau de chat, il créait un phénomène d'attraction des corps légers par la tige d'ambre. Il nomma ce phénomène « êlektron » ce qui en grec désigne l'ambre jaune qui est une résine fossile. Ce philosophe pense qu'un souffle de vie anime cet étrange caillou jaune et ne poussa pas plus loin sa superstition.
Cependant, cette découverte ne trouvera pas d'application pratique jusqu'au début du 17e siècle au courant duquel Otto de Guericke, Bourgmestre de Magdebourg, va la compléter en utilisant plusieurs corps différents comme le rubis, le saphir et l'améthyste. Il va même créer une machine permettant d'obtenir

des frottements en utilisant une boule de soufre qui était frottée en tournant autour d'un axe qui la traversait. Ce fut la première machine électrostatique qui produisait de l'électricité statique engendrant des étincelles.
Sur la même lancée et pendant la même période le médecin physicien William Gilbert a repris les investigations pour découvrir lui aussi que d'autres matériaux tels que le verre, le diamant attirent aussi lorsqu'ils sont frottés, comme l'ambre. Ce savant nomme cette force d'attraction à distance « Electricité » d'après le mot grec êlektron qui signifie ambre jaune.
Mais le phénomène n'est toujours pas bien compris pour pouvoir être reproduit.
Francis Hauksbee, fabricant d'instruments scientifiques, va marquer un pas important en découvrant qu'une boule de verre émet de la lumière et attire les objets légers lorsqu'elle est mise en rotation et frottée.
L'expérience est si plaisante et attrayante que ce savant va construire une machine où la boule de verre est entraînée cette fois-là à grande vitesse à l'aide d'une manivelle et d'un disque démultiplicateur : le premier générateur d'électricité est fabriqué au début du 18e siècle.
Les expériences vont se suivre et s'améliorer, notamment celle de l'imprimeur américain Benjamin Franklin qui a pu comprendre mieux encore le phénomène, jusqu'à arriver à identifier les charges positives et négatives. Ayant compris que la foudre est une décharge électrique entre le ciel et la terre, il propose de capter avec une longue pointe métallique l'électricité qu'il suppose emplir l'atmosphère le jour d'orage. C'est la découverte du paratonnerre.
Vers la fin du 18e siècle Charles Augustin de Coulomb parvient à mesurer la force électrique.
En 1799 Alessandro Volta réussit à travers ses expériences à fabriquer une pile qui génère en continu du fluide électrique.
En 1916 l'électricité est maîtrisée avec l'expérience de Richard Tolman, physicien américain, qui a fabriqué la bobine dite de Tolman. Le mécanisme consiste à faire tourner à grande vitesse un tube métallique de la bobine et à l'arrêter brutalement. Tolman enregistre pendant un bref instant un courant électrique. Il démontre par des calculs que les charges qui circulent dans le

tube ont exactement la masse des électrons. La rotation rapide les a littéralement arrachés des atomes du métal autour desquels ils gravitaient. Lorsque la rotation cesse, les électrons continuent sur leur lancée de tournoyer un court moment dans le tube.[2]
L'électricité est enfin comprise et on sait désormais la générer. Mais on n'imagine pas encore le rôle crucial que va jouer cette nouvelle forme d'énergie que le progrès de la technologie permettra de produire à grande échelle pour le bien-être de l'humanité.

1.2 Encore un peu d'histoire, la seconde révolution industrielle

L'électricité a joué un rôle déterminant pour l'industrie, le développement économique et le confort de la vie en général, en tant que force motrice, source d'énergie et de lumière au début du 20e siècle.
En effet au début du siècle passé, une nouvelle source d'énergie, l'électricité, était désormais disponible pour les ménages, les industries, le transport et les communications. Elle a permis de faciliter et d'accroître significativement la production en cette période, concomitamment avec le pétrole.
Ainsi parle-t-on de la seconde révolution industrielle qui est une période historique située entre la seconde moitié du 19e siècle et le début du 20èmesiècle (1870-1913) où l'Europe, les États-Unis et le Japon connurent un important développement de l'automobile et des sciences grâce à l'utilisation de l'électricité, notamment.
Cette période a été marquée par de grandes innovations qui ont permis la croissance économique des pays et des gains de productivité très importants. Le développement de la production mécanique d'électricité, du moteur à explosion utilisant le pétrole, de l'industrie chimique, de moyens de communication, de moyens de transport a modernisé et développé les économies de beaucoup de pays.

---

[2] Tiré de *L'Encyclopédie de l'énergie « histoire de l'électricité »* et de la revue Science et vie.

La seconde industrialisation est liée à l'apparition de nouvelles sources d'énergie, en l'occurrence l'électricité dont la maîtrise a permis de développer le travail de nuit grâce à l'invention de la lampe électrique à filament (Thomas Edison en 1879) et a aussi favorisé l'essor des transports urbains (avec la contribution des travaux de Marcel Deprez en 1883).
L'électricité est un facteur capital pour le développement économique et social. La disponibilité de l'électricité facilite et améliore la fourniture des services essentiels comme l'éducation, en apportant la lumière dans les écoles et les foyers, la sécurité sanitaire des aliments par la réfrigération, l'accès aux technologies de communication ou encore l'amélioration de la productivité des activités agricoles et industrielles.
Pourtant, le PNUD estimait en 2005 que 1,6 milliard de personnes n'avaient pas encore accès à une source d'électricité. Cette proportion a baissé à 1,2 milliard en 2010 et à 840 millions en 2017, l'essentiel de cette population vivant dans les pays les moins avancés. Dans une vingtaine des pays africains dont la RD Congo, plus de 75 % d'habitants n'ont pas d'accès à l'électricité. Dans les pays en développement, l'accès à l'électricité reste très contrasté entre zones urbaines et rurales. Si l'accès à l'électricité peut par moment faillir en zone urbaine (rupture de fourniture, instabilité du réseau, problèmes liés à la tarification, etc.), elle reste de loin la zone la mieux desservie par rapport à la zone rurale où le taux d'accès à l'électricité est symbolique, estimé à 1% pour le cas de la RD Congo.
Ces zones et ces personnes non desservies en électricité sont à considérer comme des marginalisées par rapport à l'épanouissement socioéconomique auquel nous aspirons tous.
Les technologies nouvelles, qui permettent de générer de l'électricité à partir des ressources renouvelables, pourraient faciliter l'accès à l'énergie propre même dans les zones reculées. Cette nouvelle opportunité écologique est une nouvelle donne à exploiter pour promouvoir le secteur d'électricité.

1.3. La nouvelle donne, l'énergie propre

Il y a aujourd'hui des réalités et des contraintes nouvelles qui imposent de changements d'orientation au développement du

secteur énergétique du fait de son impact considérable sur l'écosystème mondial et le réchauffement climatique en particulier. Les nouvelles orientations veulent promouvoir les formes d'énergies propres, renouvelables comme l'hydroélectricité dont est potentiellement dotée la RD Congo en abondance.
C'est déjà en 1824 que le scientifique Jacques FOURIER fait les premières suppositions sur l'effet de serre à la base du réchauffement climatique. Il faut bien comprendre qu'une telle découverte en pleine époque de la révolution industrielle ne pouvait pas présenter un grand intérêt.
Il faudra attendre les années 1890 pour établir scientifiquement qu'un air riche en gaz carbonique retient plus la chaleur des rayonnements solaires, ce qui conduit à une hausse de la température de l'air. Cette grande théorie de Svante ARRHENIUS, bien que soutenue par d'autres scientifiques ne sera pas non plus prise au sérieux à cette époque, car un autre courant dans la communauté scientifique estime que la nature pouvait s'autoréguler. Le surplus de gaz carbonique dans la nature serait de toute façon absorbé par les océans.
Le débat est déjà là, l'homme s'interroge sur les effets de ses activités sur la nature.
Plus tard vers les années 1960 les scientifiques arriveront à confirmer les présomptions sur l'effet de serre. La concentration de gaz à effet de serre dans l'atmosphère en augmentation engendre le réchauffement climatique. Le premier sommet de la terre organisé en 1971 va évoquer le réchauffement climatique et ses conséquences. Le phénomène est désormais pris au sérieux au point qu'au milieu de la décennie 1980 les grandes puissances économiques mondiales vont demander à l'Organisation des Nations unies de créer un Groupe d'Experts Intergouvernemental sur l'Évolution du Climat « GIEC » pour étudier la question de changement climatique.
La communauté mondiale, les scientifiques, les industriels, les dirigeants et les populations ont pris conscience du danger que représente le changement climatique et s'activent, sans encore parvenir à de grands succès, dans la lutte contre les causes de ce phénomène en pointant du doigt notamment les énergies fossiles

qui ont fait tourner pendant si longtemps les usines en rejetant dans l'atmosphère d'énormes quantités de gaz à effet de serre.
Le système énergétique mondial, tel qu'il fonctionne, est responsable de 60 % des émissions de gaz à effet de serre. [3]Il faut donc repenser la politique énergétique et ses stratégies pour limiter le réchauffement climatique, en privilégiant les sources d'énergie moins polluantes et en utilisant l'énergie de manière plus efficace.
Les besoins en énergie sont en croissance alors que les stocks de ressources énergétiques fossiles diminuent. Ces besoins en énergie augmentent inéluctablement parce que le monde, non seulement il se peuple, mais a besoin de plus de croissance économique pour améliorer le bien-être collectif.
Il est primordial de modifier les modes de production et de consommation d'énergie en passant des énergies carbonées à des énergies propres et plus sûres pour l'environnement.
Cette mutation de la politique énergétique, qui est la transition énergétique, permettra de mieux gérer la dépendance énergétique. Elle conduit inexorablement à l'élaboration d'un nouveau projet de société raisonnable et énergétiquement vertueux tourné vers une économie « décarbonée ».[4]
Il est établi aujourd'hui de manière incontestable que les énergies fossiles, qui ont soutenu la révolution industrielle et le développement économique au courant des derniers siècles, ont causé en même temps des dégâts énormes à la nature dont les effets se manifestent de plus en plus de nos jours.
Il conviendrait de réduire leur consommation progressivement en privilégiant des sources d'énergie peu ou non polluantes. La manœuvre n'est pas facile du fait de la prépondérance des énergies d'origine fossile dans le mix énergétique et de l'ampleur du défi technologique à relever pour une substitution satisfaisante de cette première forme d'énergie par des énergies propres, des énergies vertes tirées des sources renouvelables et réputées quasiment sans impact sur l'environnement.

---

[3] DESARNAUD Gabrielle, *électrifier durablement l'Afrique et l'Asie*, pg. 5, Ifri, Centre Énergie mars 2016.
[4]JANCOVICI Jean-Marc, *Transition énergétique pour tous*, Odile Jacob, 2013.

Quoi qu'il en soit la voie de l'avenir consiste à migrer vers ces nouvelles formes d'énergies qui vont permettre le développement durable de notre monde.
Cet impératif dictera désormais la politique énergétique de toutes les nations, dès lors que le monde a pris conscience des risques et des effets auxquels expose le changement climatique. Cette nouvelle donne n'est pas qu'une contrainte pour la RD Congo qui doit limiter le recours au bois et ses dérivés, dominant son bilan énergétique pour près de 95%, dans le but de préserver sa forêt tropicale qui contribue considérablement à lutter contre le changement climatique.
Mais la nouvelle donne est aussi une grande opportunité à saisir pour ce pays. En effet pour lutter contre le changement climatique qui mobilise le monde entier, à l'exception de quelques climatosceptiques de nouvelle génération, une initiative est prise lors de la conférence de Copenhague en 2009 (CoP 15). Elle va consister à créer un fonds climatique vert, mécanisme financier des Nations Unies destiné à soutenir différents projets qui visent à diminuer les émissions de gaz à effet de serre, lutter contre la déforestation et prendre des mesures d'adaptation aux conséquences du réchauffement climatique. Les bénéficiaires seront prioritairement les pays en voie de développement les plus vulnérables. Pour répondre à la forte demande de financement, les pays développés adhèrent à l'objectif de mobiliser 100 milliards d'USD par an entre la signature de l'accord et 2020.
Le fonds vert pour le climat est lancé officiellement en 2011 lors de la CoP 17 à Durban.
La RD Congo dispose d'un atout stratégique avec son immense forêt tropicale qui couvre près de deux tiers de sa superficie et qui joue un rôle majeur dans la lutte contre le réchauffement climatique au niveau planétaire. Le développement de son potentiel hydro-électrique contribuerait à préserver la forêt tropicale. Cet argument est à mettre en avant dans les négociations de financement vert, notamment avec le fonds vert climat.
L'électricité n'a pas été inventée par l'homme, elle a toujours existé dans l'univers. L'homme, à travers ses recherches, est arrivé à découvrir l'utilité de cette nouvelle source d'énergie qui a relancé de nouveau l'industrie après la machine à vapeur.

Avec le progrès de la technologie, l'électricité peut être générée massivement à partir des ressources énergétiques renouvelables et constituer une énergie propre, celle d'avenir qui permettra de limiter le réchauffement de notre planète.

Chapitre 2
Économie de l'électricité

Que représente le secteur d'électricité dans l'économie mondiale et dans l'économie de la RD Congo ? Comment évolue son poids dans l'économie au niveau mondial comme au niveau national ? Et en ce qui concerne le RD Congo quels sont les principaux opérateurs dans ce secteur appelé à connaître une réforme. Le présent chapitre tente de donner des réponses à ces questions prémonitoires avant d'aborder la réforme proprement dite du secteur d'électricité.

Cependant, il serait impertinent et réducteur de considérer l'importance économique du secteur de l'électricité rien que par ses apports directs (chiffre d'affaires sectoriel, contribution directe au PIB, emplois directs créés), en excluant ses externalités ou les effets d'entrainement que cette source d'énergie apporte à l'économie et au bien-être en général.

L'électricité est devenue un atout ultime pour l'industrialisation et un facteur essentiel du développement économique et social depuis le siècle dernier. Elle est une industrie « industrialisante », du vocabulaire des tiers-mondistes spécialistes de l'économie de développement. Ce néologisme désigne les industries qui sont à la base du processus de l'industrialisation.[5]

Plus qu'une simple coïncidence, les pays développés sont ceux qui se caractérisent par de taux d'accès à l'électricité les plus élevés atteignant souvent les 100%. On peut scientifiquement en déduire un lien de cause à effet entre le niveau de l'offre et d'accès à l'énergie avec celui du développement économique et social au sein d'une communauté.

---

[5] DESTANNE DE BERNIS Gérard, *les industries industrialisantes et les options algériennes*, Tiers monde en l'an 2000 pg 545-563, in Revue tiers monde 1971.

Ces analyses intersectorielles autrement plus complexes ne sont pas abordées dans cet ouvrage ; elles pourraient faire l'objet des recherches plus poussées ultérieurement.

2.1. L'électricité dans le monde

Depuis la découverte de l'électricité, sa production n'a cessé de croître dans le monde atteignant à ces jours un ordre de grandeur considérable. Mais elle croît et se consomme de manière inégale sur la planète.

Le classement crédible le plus récent (2016) en matière de consommation d'énergie électrique, comme l'indique le tableau ci-dessous, est dominé par les plus grandes économies du monde. La Chine est à la tête du peloton avec une consommation de 5 899 tWh. Cette puissance consommée s'est accrue de près de 1000 % sur les trois dernières décennies démontrant le progrès économique très rapide et assez considérable du géant asiatique. Suivent successivement les USA avec 4 148 tWh, l'Inde 1 216 tWh, la Russie 1 065 twh et le Japon 1 012 tWh ; l'Allemagne, première puissance économique européenne a consommé 573 tWh en 2016.

Tableau N°1 : Évolution de la consommation d'énergie électrique dans le monde

En TWh	2016	Part en 2016	Évolution 2015-2016	Évolution 1990-2016
Asie et Océanie [1]	**11 313,00**	**49,0%**	**+5,2%**	**+363,1%**
dont : Chine	5 899,00	25,5%	+6,3%	+917,1%
Japon	1 012,00	4,4%	+0,6%	+22%
Inde	1 216,00	5,3%	+7,5%	+410,1%
Australie	243,00	1,1%	+1,7%	+66,4%
Amérique du Nord	**5 043,00**	**21,8%**	**+0,8%**	**+44,6%**
dont : États-Unis	4 148,00	18,0%	+0,5%	+41,6%
Canada	538,00	2,3%	-0,9%	+20%
Europe	**4 968,00**	**21,5%**	**+1,3%**	**+17,1%**
dont : Union Européenne (à 28)	3 071,00	13,3%	+0,9%	+24,6%
dont : Allemagne	573,00	2,5%	+0,0%	+8,7%
Espagne	256,00	1,1%	+0,8%	+86,9%
France	473,00	2,1%	+1,5%	+37,3%
Italie	326,00	1,4%	+5,2%	+38,7%
Royaume-Uni	330,00	1,4%	-0,3%	+7,5%
CEI [2]	**1 571,00**	**6,8%**	**+1,29%**	**-3,45%**
Amérique Centre et Sud	**1 031,00**	**4,5%**	**-0,2%**	**+146,1%**
dont : Brésil	520,00	2,3%	-0,6%	+133,5%
Afrique	**706,00**	**3,1%**	**+1,44%**	**+146%**
dont : Afrique du Sud	225,00	1,0%	-1,3%	+44,2%
MONDE	23 107,00	100,0%	+2,5%	+111,5%

[1] dont Moyen Orient

[2] Arménie, Azerbaïdjan, Biélorussie, Géorgie, Kazakhstan, Kirghizstan, Moldavie.

Source : IEA - Key word Energy statistics - Édition 2018

Consommation d'électricité dans le monde par zones géographiques en 2016

L'électricité a favorisé le développement socioéconomique au 20e siècle. Elle sera sans doute l'énergie du 21èmesiècle en cours. Sa part dans la production d'énergie continue de croître en raison de ses qualités qui la rendent indispensable, notamment son efficience : les appareils électriques étant au moins trois fois plus efficaces que ceux qui utilisent d'autres sources d'énergie ; sa flexibilité : son offre étant plus sûre et prêtant à une meilleure gestion de la demande ; sa contribution à la lutte contre le changement climatique.

Elle est par ailleurs la forme d'énergie la plus appropriée à l'urbanisation et la digitalisation qui caractérisent les temps actuels. Ces atouts confèrent à l'électricité le potentiel nécessaire pour résoudre les grands défis énergétiques actuels, à savoir produire plus d'énergie aux meilleures conditions économiques et écologiques. L'électricité pourra être la première source d'énergie en 2050, sa part dans la demande d'énergie finale devrait passer de 18% en 2018 à 36% en 2050.

Si le prix d'électricité reste abordable et si les coûts des technologies d'électricité poursuivent leur baisse, des taux d'électrification plus élevés seront possibles. La part d'électricité comme source d'énergie finale pourrait dans ces conditions dépasser 50%.[6]La tendance haussière de la production d'énergie électrique est manifeste dans la série chronologique ci-dessous.

Tableau N°2 : Production d'électricité dans le monde en tWh

	1985	1990	1995	2000	2005	2010	2015	2017
Production	9882	11960	13369	15555	18459	21578	24289	25551

L'illustration graphique ci-dessous visualise mieux cette évolution croissante du secteur de l'énergie électrique dans le monde.

[6]GLOBAL SUSTAINABLE ELECRICITY PARTNERSHIP, *New electricity frontiers*, Rapport mai 2018

Figure N°1: Évolution de la production d'électricité dans le monde

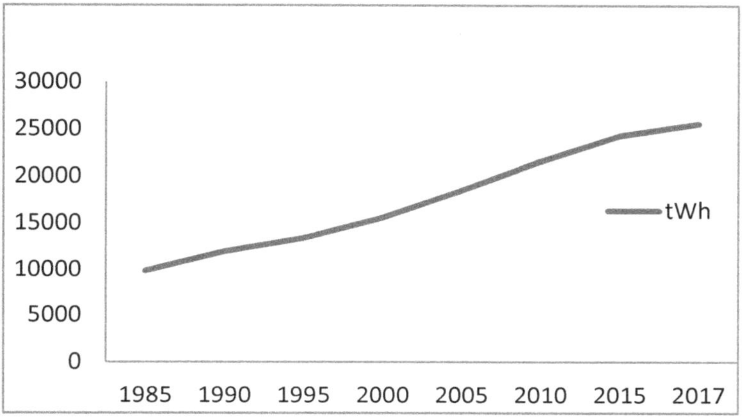

Source: Electricity generation, bp-stats-review-2018

Il a été produit en 2017 25 551 térawatts-heures équivalant à la quantité d'énergie que produiraient 6 643 millions de tonnes de pétrole ; c'est énorme. La croissance moyenne annuelle de la production approche les3%. Cependant l'électricité n'occupe pas encore la place qui lui revient comme source d'énergie dans le monde, encore moins dans les pays en voie de développement. Les ressources fossiles sont encore prédominantes au niveau mondial tandis que la biomasse reste encore la ressource énergétique la plus accessible pour les pays d'Afrique subsaharienne.

Figure N°2 : Projection de l'approvisionnement énergétique mondial

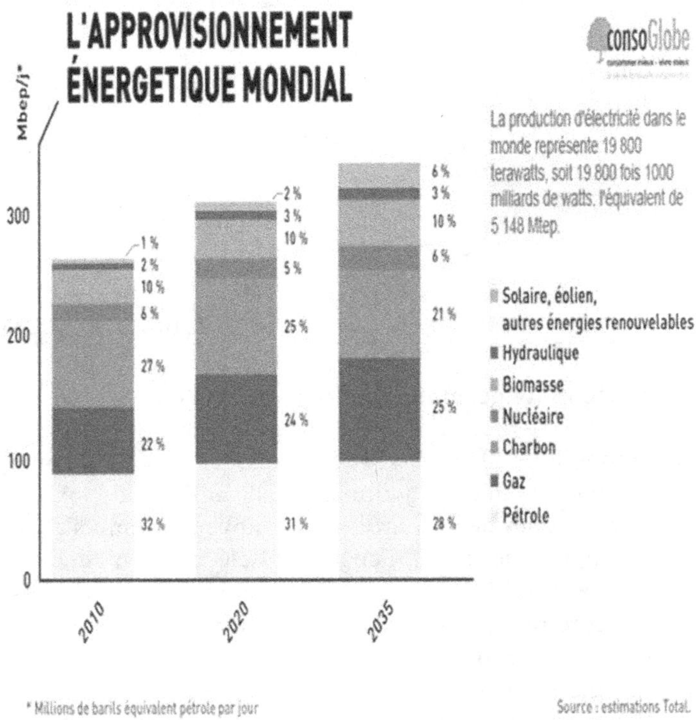

Global Electricity Initiative 2014 Report, pg 17 et suivant

2.2 Économie du secteur d'électricité de la R.D. Congo

Le secteur de l'électricité de la RD Congo n'est pas développé, ni au regard du potentiel du pays dans ce domaine, ni au regard de ses besoins en énergie en pleine croissance.

La desserte nationale en électricité est très faible, en deçà même du niveau moyen de l'Afrique tropicale aujourd'hui. Le déficit énergétique qui sévit au pays est considérable et ne cesse de croître sous l'effet double des besoins des activités économiques et de la croissance démographique.

2.2.1 Évolution de la production d'électricité en RD Congo

Ce point va se limiter à la dimension quantitative de la production de l'électricité en donnant des chiffres pour se faire une idée tendancielle de cette variable. Mais la réflexion pouvait tout aussi s'étendre à l'évolution de la qualité du service offert.

L'évolution de la production nationale de l'électricité n'est pas encourageante. La capacité installée est très faible et stagne pratiquement depuis l'inauguration en 1982 de la deuxième phase de la centrale hydroélectrique de Inga, « Inga II », avec une puissance de 1424 mW et de la construction de la première phase de la centrale hydroélectrique de Mobay Mbongo beaucoup plus petite (11 mW en 1989). Elle s'est figée autour de 2 700 mW, pendant que le potentiel rien qu'en hydroélectricité dépasse 100 000 mW.

La valorisation des ressources énergétiques, l'une des stratégies de la réforme du secteur de l'électricité reprise dans le DPSE, est encore à un niveau très faible et prive le pays tout entier, les villes étant relativement privilégiées que les milieux ruraux, des moyens de son développement économique et social. Encore que cette faible capacité installée n'est exploitée qu'à moitié en moyenne à cause des problèmes cumulés de faiblesse en maintenance, de surcharge et de vieillissement des installations électriques.

Tableau N°3: Capacité de génération électrique en mW, situation 2014

Producteur	Capacité installée	%	Capacité exploitée	%
Snel & Sinélac	2 446	90,3	1 341	92,5
Producteurs indép.	37	1,3	37	2,5
Autoproducteurs	227	8,4	72	5
Total	2 710	100	1 450	100
Taux de disponibilité				53,5

Source: MERH, Rapport annuel SIE-RDC 2016, p. 7

Le tableau ci-dessus donne lieu aux commentaires suivants:
(i) la capacité de production d'électricité est très faible, malgré l'abondance et la variété des ressources énergétiques. À ce jour cette capacité est stagnante à cause du manque d'investissements dans le secteur électrique. Les quelques projets en construction ont beaucoup tardé à délivrer ;
(ii) En moyenne, cette faible capacité installée n'est exploitée qu'à moitié, fait qui illustre toute l'acuité de la desserte très faible en électricité pour le pays ;
(iii) L'utilisation de capacité installée est particulièrement faible pour les structures publiques, à cause du déficit en maintenance des équipements, mais elle est maximale pour les producteurs indépendants, même si leur part dans la production nationale est encore marginale.
Faible capacité installée, faible taux de son exploitation, cette conjugaison malencontreuse des facteurs conduit inexorablement à des productions insuffisantes et à l'aggravation du déficit électrique en RDC où la demande s'accroît vite tant pour le secteur industriel que les ménages.

Tableau N°4: Évolution de la production, exportation et importation de l'électricité en RDC (gWh)

ANNÉE	PRODUCTION	IMPORT	EXPORT
2009	7854	105	887
2010	7905	161	916
2011	7899	44	171
2012	7612	626	48
2013	8256	626	48
2014	8850	1138	69
2015	8953	20	422
2016	9135	20	420
2017	9510	668	62

L'année 2009 est considérée comme l'année cible, celle du lancement de la réforme avec l'adoption du DPSE. La marche vers l'objectif retenu dans ce document qui consiste à croître significativement l'offre de l'énergie électrique est très lente.
L'amélioration de la situation entre 2009 et 2017 n'a été que de 1656 gWh à repartir entre plus de 70 millions d'habitants pour pouvoir apprécier l'impact de cette production additionnelle sur l'accès de la population à l'énergie électrique.
Cela est mieux visualisé dans la figure ci-dessous:

Figure N°3: Évolution de la production, Importation et exportation d'énergie électrique (gWh)

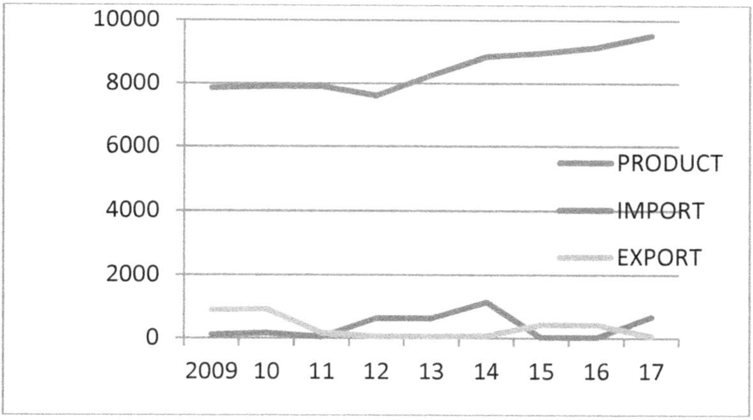

Source: Données statistiques de la Banque mondiale

L'interprétation de cette figure peut être résumée comme suit :
(i) La production énergétique est faible et plus ou moins stagnante ;
(ii) Aussi bien l'importation que l'exportation d'énergie électrique sont des activités marginales et peu connectées à l'évolution de la production ;
(iii) En l'absence de nouveaux investissements de production dans le secteur, la faible embellie constatée s'explique par la mise

en œuvre de quelques projets de réhabilitation des anciennes capacités.
Quelle est dès lors la contribution directe du secteur énergétique dans l'économie nationale ?

2.2.2 Contribution directe du secteur énergétique dans l'économie nationale

Le secteur énergétique de la RDC est resté au niveau embryonnaire malgré l'augmentation considérable de la demande. La part de l'électricité dans la formation du PIB est difficile à cerner en raison du manque de statistiques spécifiques, d'une source fiable.
Le rapport annuel de la BCC donne néanmoins les séries chronologiques de la production de l'ensemble du secteur énergétique, incluant l'eau, le gaz et l'électricité, et du PIB. Cette globalisation des chiffres se réfère sans doute à la nomenclature du Gouvernement en RDC qui regroupe généralement ces activités dans un seul département. Selon ces données, la part du secteur de l'énergie dans la formation du PIB est symbolique et a tourné autour de 1% seulement entre 2010 et 2017.Les données spécifiques à l'électricité n'ont pas été accessibles malgré notre patience et l'insistance auprès des institutions-ressources.

Tableau N°5 : Part du secteur de l'énergie dans le PIB (Mios CDF)

	2009	2010	2011	2012	2013	2014	2015	2016	2017
ENER.	613367	221581	232476	258361	277992	299540	286305	355050	544947
PIB	15101188	19536677	23759425	26954557	30051179	33223988	35111226	37517392	55124325
%	4,07	1,14	0,98	0,96	0,93	0,91	0,82	0,95	0,99

Le faible pourcentage de l'énergie dans la formation du PIB n'en fait pas un secteur économiquement moins important. Pour appréhender l'électricité dans toute son ampleur, il faut prendre en compte dans la réflexion son rôle d'intrant essentiel dans les activités de production et de transformation qui sont la composante prépondérante du PIB.
Que dire des investissements réalisés dans ce secteur ?

2.2.3 Investissements dans le secteur de l'électricité

Les données fiables ont manqué pour suivre l'évolution de cette variable importante qui aurait permis d'apprécier les efforts fournis pour réaliser l'objectif de la réforme du secteur d'électricité.
Il faut espérer que dans le proche avenir le SIE soit en mesure de collecter et publier toutes les informations essentielles du secteur énergétique pour notamment faciliter la planification et les recherches.
A priori, le niveau d'investissement est demeuré faible dans le secteur de l'électricité entre 2009 et 2020 par rapport aux cibles de la réforme. Certes les partenaires multilatéraux ont poursuivi leur appui dans la réhabilitation des installations électriques en mettant en œuvre des projets qui ont tous dépassé largement le délai d'exécution prévu. Au niveau bilatéral les emprunts auprès des banques de développement chinoises et indiennes ont financé la construction des centrales hydroélectriques de Zongo 2, Kakobola et Katende qui n'ont pas encore délivré. Les miniers, en partenariat avec la Snel, ont financé tantôt la réhabilitation, tantôt l'extension de quelques centrales hydroélectriques dans le Katanga pour s'assurer leur alimentation stable en énergie électrique.
Tout compte fait, le volume d'investissement décaissé pour l'électrification entre 2009 et 2020 n'aura pas dépassé USD 2 milliards, soit environ une moyenne d'environ USD 200 millions l'an.
La RDC est encore loin, bien loin de la cible d'USD 3,5 milliards annuels pour rattraper rapidement son retard dans le domaine de l'électrification.
Qui sont les principaux opérateurs du secteur d'électricité?

2.2.4 Les opérateurs du secteur

Il n'y en pas beaucoup qui soient répertoriés. Le paysage est dominé par la société nationale qui assure plus de 92% de la production et presque l'exclusivité du transport d'électricité. Deux producteurs indépendants méritent d'être cités, étant les plus structurés avec une activité permanente dans le secteur. Mais leurs sites ne donnent pas beaucoup d'informations non plus. Il s'agit de Virunga Energie Sarl (13 mW) et Electricité du Congo « EDC » avec 1,5 mW. Plusieurs autoproducteurs évoluent dans le secteur, parfois de manière intermittente. Il a été difficile d'avoir leur liste exhaustive et des informations sur leurs activités. Il est signalé quelques nouvelles initiatives privées pour produire de l'électricité, il faut attendre qu'elles se concrétisent pour pouvoir en parler.
Contrairement à la situation mondiale, le secteur électrique marque le pas en RD Congo ; remarquablement il peine à décoller. Son importance économique y est encore dérisoire et pourtant sans le développement de ce secteur essentiel d'appui aux activités de production et de transformation, on ne saurait envisager l'avenir du pays avec optimisme. Le secteur électrique n'est pas attractif, à en juger par le niveau d'investissement réalisé et le faible nombre des opérateurs en RD Congo. Il faut trouver la bonne formule pour changer ce paradigme.

Chapitre3
Le Secteur de l'électricité de la RD Congo

> "Une nation qui ne peut pas contrôler ses sources d'énergie ne peut pas contrôler son avenir."
>
> Barack OBAMA,
> Président des USA 2009-2017

La logique et la méthode recommandent de commencer par une présentation descriptive du secteur d'électricité de la RD Congo avant d'aborder le processus de sa réforme. Ce chapitre vise à remplir ce besoin pédagogique et méthodologique. Trois points y sont traités dont le premier est consacré à l'inventaire des ressources énergétiques abondantes sur lesquelles aurait pu être bâtie une véritable stratégie de développement national, le second essaie de comprendre comment ces ressources sont mises à contribution pour produire de l'énergie dont le pays a tant besoin et le troisième présente les atouts et les faiblesses du pays pour développer son système électrique avec beaucoup d'illustrations de comportement non favorable au progrès en général.

3.1. Ressources énergétiques naturelles

La RD Congo est dotée des ressources énergétiques naturelles très abondantes et variées. Cette phrase est reprise, comme un refrain, dans tous les ouvrages qui traitent du secteur énergétique du pays.

Mais ce constat unanime contraste avec la pauvreté énergétique sévère dans un pays aussi abondamment doté en ressources.
La consommation d'énergie n'a atteint que 0.25 tep/hab. en 2014, demeurant très nettement inférieure à la moyenne africaine (0.50tep/hab.) et mondiale (1.25 tep/hab.), témoignant d'un niveau de développement socioéconomique très faible pour le pays.[7]
Prise à part, la consommation d'électricité affiche des chiffres encore plus pauvres. Le Congolais n'a consommé en moyenne que 108,52 kWh en 2014 contre 275,20 kWh pour le Camerounais et 4198 kWh pour le Sud-Africain. L'observation évolutive montre que la consommation d'électricité par habitant est en hausse dans la plupart des pays, même subsahariens, mais elle est instable et baissière en RD Congo comme illustré dans la figure ci-dessous.

Figure N°4: Consommation d'électricité
par habitant en RDC de 1975 à 2014 (kWh)

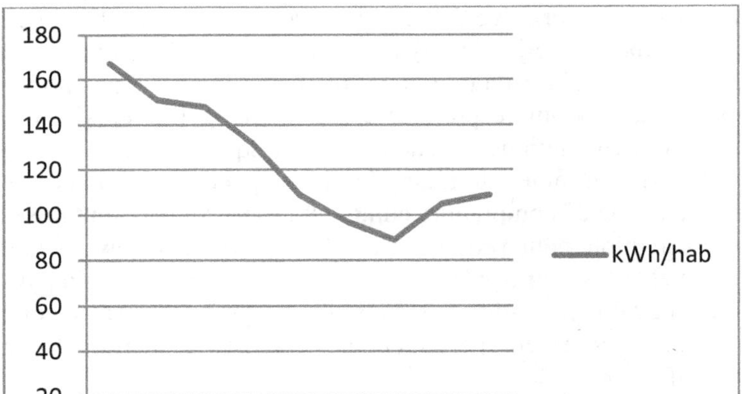

Source: Données Banque mondiale

[7] Rapport annuel SIE-RDC 2016, p. 2.

La RDC est très riche en ressources énergétiques naturelles exploitables dont la biomasse, la ressource hydraulique, le rayonnement solaire, le vent, le pétrole, le gaz, le charbon, la géothermie et l'uranium.

3.1.1. Biomasse

La biomasse est jusqu'à maintenant la plus importante source d'énergie en RD Congo. Le pays dispose de 145 millions d'hectares de couvert forestier et concentre à lui tout seul plus de la moitié des forêts du Bassin du Congo, soit près de 10% des forêts tropicales humides de la planète.
Les forêts occupent 66,5% du territoire national, dont une forêt dense humide pour plus de la moitié des superficies forestières. Cette ressource est toutefois très inégalement répartie à travers le territoire national. Les régions riches en ressource forestière ont une faible densité de population humaine, alors que le peu de forêts dont disposent les régions à forte densité de population fait l'objet d'une déforestation accrue suite aux prélèvements intensifs de combustibles ligneux pour les besoins énergétiques de base (cuisson des aliments, chauffage, etc.). Au niveau national, le taux annuel de déforestation est en progression nette selon le MECNDD. Stable autour de 0,31% l'an entre 2000 et 2014, le taux annuel de déforestation se serait mis à croître de 19% chaque année après 2014. Ainsi le pays perd des millions d'hectares de forêt, notamment à cause de l'utilisation accrue des sources énergétiques ligneuses par la population.
La biomasse inclut plusieurs technologies qui ont en commun l'utilisation de composés organiques normaux (exemple : produits du bois, déchets agricoles, animaliers et humains) comme matière première. Les biocarburants présentent un potentiel de production important en RD Congo, ce qui permettrait de diminuer sa dépendance vis-à-vis du pétrole. Ils sont un important atout à considérer dans le futur.

3.1.2. Ressource hydraulique

La RD Congo est pourvue d'un réseau hydrographique parmi les plus denses au monde et bien réparti sur tout le territoire national.

Il couvre plus de 2.300.000 km², soit les deux tiers du bassin du fleuve Congo. Le fleuve Congo est le cinquième fleuve du monde par sa longueur de 4.374 km. Il est le second par son débit (en moyenne 42.000 m3/s) et par la superficie de son bassin hydrographique (3,8 millions de km2).
Ce fleuve se caractérise par un débit très régulier dû à la répartition de ses affluents de part et d'autre de l'équateur. Selon les experts le plus faible débit enregistré a été de 23.000 m3/s, tandis que le plus élevé a été de 80.000 m3/s en 1961.
Le fleuve Congo et ses affluents situés dans la périphérie de la cuvette centrale sont jalonnés de chutes et rapides faisant de la RD Congo un pays aux gisements hydroélectriques importants et répartis sur tout le territoire, mais certaines zones étant mieux dotées que d'autres. Le potentiel hydroélectrique de ce pays de l'ordre de 100 mille MW (soit environ 774 mille GWh par an) représente 37% du potentiel du continent. Près de la moitié de ce potentiel hydroélectrique est concentré au fabuleux site d'Inga.

Figure N°5 : Sites hydroélectriques de la RD Congo

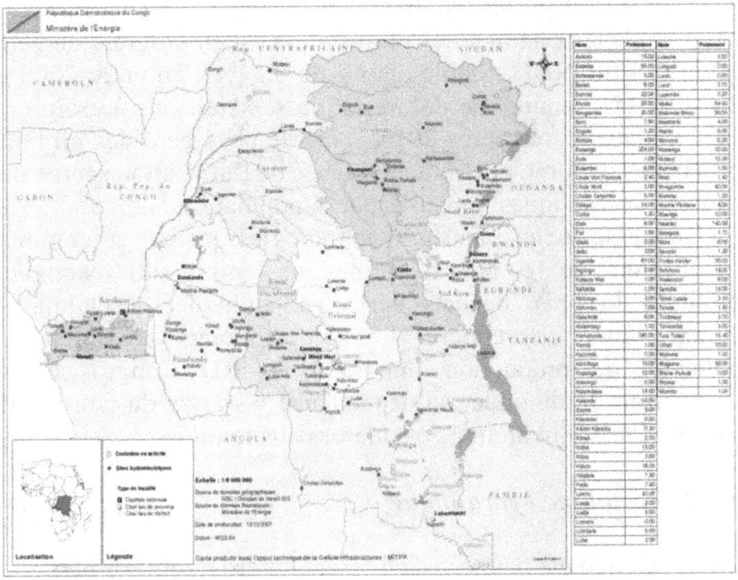

3.1.3. Rayonnement solaire

La RDC est située sur une bande d'ensoleillement élevée entre 3.500 et 6.750 Wh/m2/jour. Cependant la puissance installée en cellules photovoltaïques inventoriées à ce jour à travers le pays reste dérisoire. Au regard des données ci-dessus sur l'ensoleillement, il est possible de conclure sur un potentiel important d'utilisation de l'énergie solaire.

3.1.4. Vent

Le potentiel éolien de la RD Congo est sous exploité. Les études anémométriques, réalisées dans quelques centres et villes du pays à 2 mètres du sol, ont donné un potentiel éolien limité (et plus localisé dans certaines zones, côtières pour l'essentiel) avec des vitesses moyennes de vent variant entre 2,3 et 6,5 km/h, mais susceptibles d'applications à des fins énergétiques. Il faut cependant considérer que des études plus étendues, avec la technologie actuelle, ou des études particulières de chaque site identifié permettraient de confirmer les vitesses de vent ci-dessus et favoriser le développement de l'éolien dans les zones les plus appropriées.

3.1.5. Géothermie

Elle est plus localisée dans la branche occidentale du Rift de l'Afrique orientale. Son potentiel n'est pas encore évalué et on n'a pas identifié une exploitation significative de cette ressource pour produire de l'énergie. Des sites géothermiques ont néanmoins été identifiés au nord Katanga ainsi qu'aux nord et sud Kivu, sans faire l'objet d'études techniques approfondies.

3.1.6. Pétrole

La RD Congo compte trois bassins sédimentaires, à savoir le bassin côtier, la cuvette centrale et les grabens Albertine et Tanganyika. Les réserves estimées dans la partie on shore du Bassin côtier sont de l'ordre de 5,692 milliards de barils tandis

que celles des Grabens Albertine et Tanganyika ne sont pas encore quantifiées. Elles devraient être plus importantes.
Le Bassin Côtier est exploité à ce jour avec toutefois une production marginale inférieure à 25.000 barils par jour, exportés en totalité.

3.1.7. Gaz

Les réserves de gaz associées au pétrole du bassin côtier sont évaluées à 10 milliards de Nm³ en mer et à 20 milliards de Nm³ à terre, sans compter les potentialités décelées dans la cuvette centrale, mais non encore évaluées à ce jour. Le Lac Kivu regorge, au-delà de 300 m de profondeur, d'énormes quantités de gaz méthane estimées à 278.000 milliards de Nm3, dont plus de 60 milliards de Nm³ exploitables. La capacité de régénération des réserves est de 250.000 Nm³ de gaz par an. Cet énorme potentiel gazier n'est pas encore mis en valeur. Le gaz méthane du lac Kivu est susceptible d'alimenter des groupes électrogènes et assurer une production d'électricité assez importante sur une très longue durée ou être comprimé dans des bonbonnes pour servir de combustible domestique pour le chauffage et la cuisson des repas.

3.1.8. Charbon

Les réserves probables en charbon de la RDC sont de l'ordre de 720 millions de tonnes alors que les réserves prouvées sont évaluées à 54 millions de tonnes seulement et réparties entre 2 gisements situés au Katanga (Luena et Lukunga). Les mines de charbon identifiées sont exploitées surtout pour la réduction en métallurgie.

3.1.9. Uranium

On trouve des réserves d'uranium 235 sur 50 % du territoire congolais. L'Uranium a été exploité à Shinkolobwe dans la province du Katanga.Il est aussi associé au cuivre comme sous-produit à

Kiswichi, Swambo, Kisompi, Kalongwe, Kamoto, Kambove...
Les indices d'uranium ont également été découverts à la frontière de la RD Congo avec la République Centre Africaine.
Le potentiel national, certainement considérable, reste à évaluer.[8]

Dans quelles proportions ces différentes ressources sont-elles exploitées pour approvisionner les différents consommateurs ?

3.2 Bilan énergétique de la R.D. Congo

Le bilan énergétique de la RD Congo est figé. Il est resté dominé par la biomasse, source ligneuse d'énergie composée dans le cas de ce pays de bois de chauffe et ses dérivés.
En 2005 les combustibles ligneux couvraient 95% des besoins nationaux en énergie primaire, le pétrole, le charbon et l'électricité représentant une part marginale des ressources énergétiques. Cette situation n'a presque pas évolué jusqu'en 2014 (dernière statistique fiable en notre possession), année au cours de laquelle l'approvisionnement énergétique national total s'est élevé à 33 234 ktep. La biomasse a représenté la part prédominante (31 337 ktep, soit 94%), loin devant les produits pétroliers (1 020 ktep, soit 3%) et l'électricité (881ktep, soit 3%). Le pétrole brut congolais n'a pas été comptabilisé dans l'approvisionnement national étant donné que dans sa totalité (1 332 ktep extraits) cette ressource est exportée par manque d'infrastructure de raffinerie.[9]
Dans la figure qui suit, la visualisation des parts de chacune de ces ressources dans le bilan énergétique est éloquente.

[8] Document de politique du secteur de l'énergie électrique en République Démocratique du Congo validé à l'atelier du 11 au 15 mai 2009 pg 16-17
PNUD, Énergie durable pour tous à l'horizon 2030, rapport national (RDC), pg 14-17.
[9] Document de politique du secteur d'électricité de la RD Congo, 2009 Pg 16
Rapport SIE RDC 2016 Pg 13.

Figure N°6 : Bilan énergétique RDC

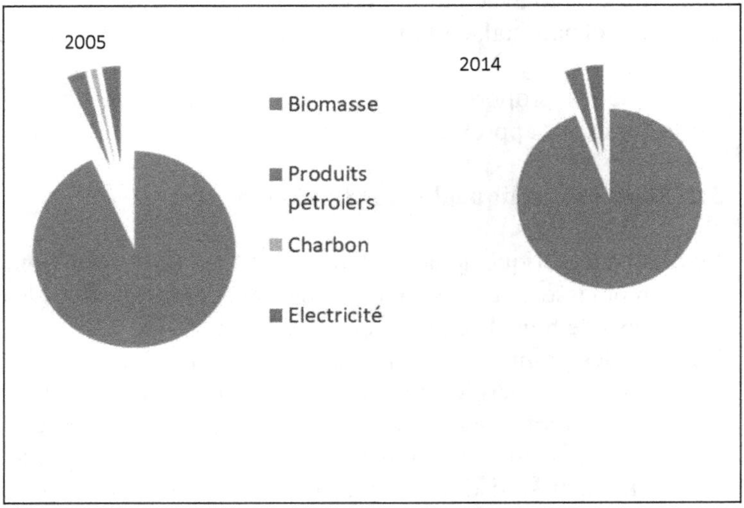

De nos jours aucun investissement d'ampleur pour la génération énergétique n'ayant abouti, il est fort à parier que le bilan énergétique est resté relativement le même. La prédominance permanente de bois de chauffe et ses dérivés comme source d'énergie plus facilement accessible aux populations continue d'alimenter l'un des principaux moteurs de la déforestation en RD Congo, à savoir la coupe de bois.
Cette menace écologique mondiale, qu'est la déforestation, peut être exploitée par la RDC à bon escient dans son plaidoyer en vue de la mobilisation des financements verts à investir dans le secteur d'électricité pour substituer aux énergies polluantes des énergies propres à mettre à la disposition de tous les consommateurs. Au moins un bon côté de la médaille.

Quels sont les atouts et les faiblesses du secteur d'électricité de la RD Congo ?

3.3 Atouts et faiblesses du secteur d'électricité

Plusieurs pays, même parmi les moins avancés d'Afrique, ont connu ce dernier temps de progrès notables dans le développement de leurs systèmes électriques pour assurer leur modernisation et le progrès socioéconomique. C'est le cas notamment du Cameroun, du Sénégal, de la Côte d'Ivoire qui sera évoqué dans la suite, du Kenya, du Ghana aussi. On ne saurait dire la même chose pour la RD Congo qui éprouve tant de mal à développer son système énergétique.
Dans le but de cerner la situation spécifique de ce pays, on s'est livré à l'exercice d'identification des facteurs favorables et défavorables à l'émergence d'un secteur électrique performant au sein de l'une des économies potentiellement les plus riches du continent africain, voire du monde.

3.3.1 Facteurs favorables au développement du secteur d'électricité

Abondance des ressources énergétiques

La RD Congo dispose des ressources énergétiques abondantes, diversifiées et réparties sur tout son territoire national, toutes les régions pouvant être autosuffisantes bien que certaines soient plus dotées que d'autres.
Son potentiel énergétique est si élevé qu'il peut couvrir ses besoins et une bonne partie des besoins du continent africain à en croire les différentes publications consacrées à cette question.
À sa qualification de scandale géologique, il aurait fallu ajouter celle de scandale énergétique ; si les minerais de la RD Congo sont épuisables, ce n'est pas le cas de ses ressources énergétiques dont une bonne partie est constituée des formes renouvelables comme la biomasse, la force hydraulique, le rayonnement solaire, le vent…
Le potentiel énergétique global du pays n'a pas encore été techniquement évalué, mais il est immense.

Cadre légal et règlementaire assaini

Cet atout est encore récent, il résulte de la promulgation de la nouvelle loi n°14-011 relative au secteur de l'électricité. Son

impact sur le développement du secteur n'est pas encore perceptible presque 10 ans après sa lente entrée en vigueur à cause du temps pris pour la mise en place des dispositions d'application.
L'existence d'un grand opérateur expérimenté dans le secteur
La SNEL, même si elle est moins performante aujourd'hui, elle constitue un grand capital et une grande expérience nationale en matière de développement et d'exploitation dans le domaine de l'électricité en particulier. Cette entreprise a beaucoup contribué à la connaissance de l'électricité, à la formation d'une expertise nationale dans le secteur et dispose d'une infrastructure de production, de transport et de distribution d'électricité sur laquelle on peut bâtir l'industrie de l'électricité de la RD Congo. Cela est vraiment important en termes d'acquit.
C'est d'ailleurs pour cette raison que la réforme de la SNEL est reprise comme stratégie du développement du secteur d'électricité national.
La littérature existante sur cette question reprend d'autres atouts de la RD Congo pouvant lui permettre de développer son secteur de l'électricité, mais qui nous ont paru moins pertinents.[10]

3.3.2 Facteurs défavorables au développement du secteur

À partir de l'observation, de la comparaison et des recherches documentaires, l'on a pu identifier de nombreux facteurs qui défavorisent le développement de l'électricité en RD Congo. Ces facteurs se présentent sous plusieurs dimensions : sociopolitique, institutionnelle, humaine, économique et même technologique. Par leur force ces facteurs sont parvenus à entraver l'électrification nationale malgré la surabondance des ressources énergétiques naturelles. Parmi les plus pertinents on peut citer :
Le facteur d'ordre sociopolitique : faible volonté politique et manque de détermination
La volonté politique et la détermination mesurables par le degré d'implication des acteurs politiques dans la résolution des

---

[10] Lire pour plus de détails le rapport national du PNUD, *l'Énergie durable pour tous à l'horizon 2030*, pg 21 et sv.

problèmes des citoyens sont fondamentales pour le progrès et la transformation de toute société.
Nous avons les moyens et la capacité de régler nos problèmes, si seulement nous pouvons trouver la volonté politique avait dit KOFI ANAN, ancien Secrétaire général de l'ONU.
Cette volonté politique là et la détermination en vue d'atteindre des objectifs d'intérêt commun n'ont pas brillé en RD Congo.
Il y a eu beaucoup de discours sur l'amélioration de la desserte en électricité et des lancements des projets d'électrification dont les effets sont toujours attendus. Inga III, Katende, Kakobola, Ruzizi III, réhabilitation des groupes Inga I ou II et d'autres projets ont éprouvé beaucoup de peine à évoluer.

Facteur humain, attitudes de sous-développement et désinvoltures
Lorsque l'on approche les rouages politico administratifs des institutions en charge de l'électricité de la RD Congo, on est saisi par le faible niveau de conscience, les attitudes perverses et les comportements peu encourageants qui caractérisent les intervenants sectoriels.
D'ailleurs de ce point de vue, loin d'être une exception, ce secteur reflète bien la réalité des autres secteurs de la vie économique nationale.
En effet, lorsque l'on observe les attitudes des acteurs devant le défi du développement national, tout porte à croire que le temps n'est pas pris en compte dans sa dimension d'une ressource à valoriser tout aussi limitée. Tout pourrait finir par s'arranger ou s'améliorer, seulement à partir des vœux qui sont exprimés à travers des discours rabâchés à chaque occasion solennelle. Il n'y a généralement pas d'actions planifiées et coordonnées qui accompagnent ces discours volontaristes sur l'amélioration de la desserte en électricité et les promesses distillées lors de lancements de projets sectoriels.
Le niveau de conscience et d'implication des principaux acteurs est généralement minimal, tout se passe comme si le développement énergétique était l'affaire des autres ou résulterait simplement des phénomènes naturels. Dans cet ordre d'idées, dans l'euphorie des jouissances comme on les aime au pays, on est arrivé à penser qu'aussi longtemps que le fleuve Congo coulerait, l'argent ne tarirait pas à la Snel… La réalité est tout

autre aujourd'hui. Elle montre bien les limites de la foi dans les mécanismes naturels pour régler les questions qui sont à la portée du pouvoir et des capacités de l'homme.

Quand un projet ne marche pas ou tout au moins n'évolue pas conformément aux prévisions, il est rare d'évoquer et traiter les causes de la contreperformance en vue d'établir des responsabilités. Les forfaits sont vite oubliés grâce à la tolérance et l'amnésie qui caractérisent les ayants droit, encore qu'ils soient conscients qu'il s'agit de leurs droits ; les forfaits, lorsque l'on arrive à s'en souvenir, on les pardonne pour passer à une autre étape, une nouvelle planification ou un nouveau projet dans les mêmes conditions. Ainsi les chances de réussir restent les mêmes.

Très souvent d'ailleurs dans le langage courant les adeptes des réformes et des changements sont généralement contrariés par l'opinion publique en des termes très moqueurs ; il leur est souvent demandé s'ils étaient en mesure, eux, de changer ou reconstruire le Congo…c'est à tout le moins irresponsable vis-à-vis de notre destin commun. Autrement dit le pays serait condamné à rester dans une situation déliquescente pour toujours. Cela est faux bien sûr, c'est simplement la tactique des rentiers qui n'aimeraient pas perdre les avantages qu'ils tirent de la situation. Ces rentiers se comptent malheureusement par milliers, disséminés à travers toute la société.

La généralisation de ces attitudes et comportements a entraîné une forme de démotivation non propice au progrès et au développement. L'impunité maintes fois dénoncée dans le système politique national coûte cher à la collectivité, sans qu'on s'en rende compte. Le facteur humain ne réfère pas qu'aux aspects moraux et éthiques uniquement. Il réfère aussi aux capacités techniques, l'expertise ou maîtrise des connaissances par une masse critique d'intervenants dans le secteur. Cela manque encore à la RD Congo.

Facteur institutionnel

Les capacités institutionnelles sont, de leur côté, encore limitées pour assurer la gouvernance adéquate du développement du secteur énergétique dans son ensemble. En effet, les institutions montrent des comportements similaires à ceux des hommes qui

les composent et décrits supra. La difficulté de porter une réforme, la soutenir et la réussir dans le délai requis a été avérée dans si bien de cas que parler d'incapacité ne serait pas exagéré.
Le comportement institutionnel s'est souvent caractérisé par le manque d'appropriation, les hésitations, les reculades, les tâtonnements, la conflictualité, les contradictions, les querelles de tutelle et la primauté des intérêts des individus au détriment de l'intérêt général. Ces impostures finissent par semer un climat non propice pour mener efficacement une réforme ou développer un programme.
Le leadership du secteur n'est pas porté par les nationaux, niveaux et domaines confondus. Les plans, les programmes comme les projets sont souvent d'inspiration ou d'initiative extérieure portée par les bailleurs de fonds, *amis du Congo*. La mobilisation des ressources financières pour financer des projets de développement se fait généralement sans l'impulsion ni la participation effective de la partie nationale et d'ailleurs l'état de pays fragile, post conflit, est souvent évoqué comme excuse pour justifier les fonds dérisoires alloués aux projets de développement, dont l'électrification.
Pareille situation ne peut s'expliquer que par une faible appropriation par les nationaux des questions de développement et une priorisation inadéquate de politiques sectorielles de développement qui ont entraîné le pays dans un cercle vicieux de la pauvreté (qui entretient la pauvreté).
Plusieurs faits illustrent les faiblesses ci-haut décrites :
L'adoption de la nouvelle loi relative au secteur d'électricité
Le document de politique du secteur d'électricité, qui préconisait une nouvelle loi pour libéraliser le secteur et en clarifier la législation, avait été validé en 2009. La loi quant à elle, quoique très attendue, n'a été adoptée qu'en 2015. Le temps fou écoulé a été consacré notamment aux échanges au sein de l'Exécutif et ensuite entre celui-ci, en l'occurrence le Ministère en charge de l'électricité, et le Parlement. Rien n'indique que ce temps a contribué à l'amélioration qualitative notable du projet de loi, la différence entre le projet et la loi promulguée étant non significative.

Les projets Inga I et II

Ils ont constitué pendant des années le poids de la dette publique extérieure de la RD Congo. Ces projets éminemment stratégiques ont été financés par un emprunt extérieur (fonds italiens, prêts de la BEI et de FED, KFW, EXIM bank USA, Banques française, belge, italienne et autrichienne)[11] malgré la situation économique florissante au moment où la République jouissait de l'embelli du cours du cuivre et le Zaïre-monnaie était compté parmi les monnaies fortes (cas de Inga I en particulier).

Il faut relever que ces projets, auxquels il faut ajouter la ligne historique Inga-Shaba (ancienne dénomination de la province cuprifère du Katanga), n'ont pas remboursé leur financement et ont fait porter leur lourd fardeau de la dette à la Nation. La qualité des études techniques et économiques de deux projets, le dimensionnement, les équipements, le commissionnement, et surtout la gestion par l'exploitant qui a suivi, sont à remettre en cause. D'ailleurs il est avéré qu'au lancement de la centrale hydroélectrique Inga II, au moins deux groupes sur huit ne pouvaient pas fonctionner de manière optimale, sans que cela ait fait l'objet de réclamations de la partie congolaise, ni des bailleurs de fonds. *À l'époque peu de monde chez les bailleurs de fonds s'offusquait de ce genre de comportement et de gaspillage.*[12]

Inga III

Projet à gestation interminable, des dizaines d'années se sont ainsi écoulées entre l'identification du potentiel et la définition de ce projet (jusqu'à deux siècles selon certaines publications). La relance de ce vieux projet a été l'œuvre d'un opérateur minier qui avait besoin de s'assurer une source énergétique fiable pour son aluminerie à installer dans la province du Congo central qui abrite le site d'Inga. Mais à son tour cet investisseur n'est pas parvenu à vaincre la lenteur et l'indolence de la partie congolaise, jusqu'à ce que le cours de l'aluminium fléchisse, enlevant tout intérêt financier au projet. Il abandonna en 2012 après avoir passé quatre ans de pourparlers vains avec la partie congolaise. Tout se

---

[11] MISSER François, *la Saga d'Inga*, éd. l'Harmattan, 2013 Pg 25 et 33.

[12] *Op Cit*, pg 36.

passait comme s'il n'y avait ni intérêt, ni urgence à construire cette centrale dans un pays dont la desserte en électricité est parmi les plus faibles au monde.

Les querelles autour de l'encrage institutionnel du projet, la hargne de gérer l'étape avant-projet exprimée sans ambages par certains acteurs politiques, l'envie de garder une mainmise sur un projet à développer par des partenaires privés, pourtant, et les divergences d'approche tant au niveau de la définition que dans la gestion du projet ont entraîné la rétractation de l'une des institutions sensées apporter la crédibilité à Inga III, la Banque mondiale.

Le manque d'émergence d'un leadership national affirmé a condamné ce projet phare à patauger, malgré l'existence des études concluantes et les attentes socioéconomiques considérables (emploi, construction d'un port maritime…).Cette léthargie n'a rien avoir avec le développement ambitieux du barrage de la Renaissance en Éthiopie projet pourtant très disputé avec les pays riverains, mais qui avance à grands pas, ni avec les progrès appréciables d'électrification au Kenya, qui a mis récemment en service son parc éolien « Lake Turkana Wind power », ou au Sénégal, avec sa récente centrale solaire « Ten Mérina ».

Il est à craindre qu'avec le temps qui passe, les preneurs potentiels d'électricité du projet se résignent à privilégier le développement des solutions locales à leur pénurie d'énergie, abandonnant ainsi la production à venir, peut-être même incertaine, d'Inga III.

Le glas avait pourtant sonné pour Westcor

Les ressources naturelles immenses dont regorge la RD Congo ont toujours suscité des convoitises parfois négatives auprès d'autres pays d'Afrique parmi lesquels les pays voisins en premier lieu.

Dans un contexte de crise énergétique annoncée, certains pays d'Afrique australe, sous-région économique à laquelle appartient la RD Congo, ont envisagé vers les années 2003, avec son accord, la valorisation progressive du potentiel longtemps endormi d'Inga en se réservant des quotas d'électricité à produire par Inga III, troisième phase d'Inga où deux centrales hydroélectriques survivent depuis plus de trois décennies.
Mais pas seulement Inga, les ressources hydrauliques des autres pays membres ont été également programmées, mais pour une exploitation à venir.

Pour la mise en œuvre de cette initiative une société de projet est créée avec un capital dérisoire reparti à parts égales entre les sociétés nationales d'électricité, dont la SNEL pour la RD Congo. Ce montage, il faut le relever, accorde la quantité d'énergie et des dividendes identiques pour tous les pays ayant pris part à cette initiative.

Cependant le projet ne va pas évoluer comme prévu jusqu'à ce qu'arrive en 2009 la nomination d'un nouveau ministre en charge de l'électricité en RD Congo, pays qui devait mettre très vite à disposition du Westcor son site d'Inga.

Un groupe de Conseillers hostiles au projet saisissent l'opportunité offerte par ce changement à la tête du Ministère de l'Energie pour dénoncer les déséquilibres du concept Westcor très externalisé, n'offrant pas plus d'avantages au pays d'exploitation et qui semble avoir oublié les ressources des autres pays en focalisant sur Inga. Le manque d'évolution du projet au moment où BHP Billiton cherche la solution énergétique pour la fonderie d'aluminium géante à implanter à Moanda dans le Congo central, province qui abrite le site d'Inga, et tous les projets connexes entraînables confortent la position de ce groupe de conseillers.

S'appuyant sur ces arguments, le nouveau ministre dénonce Westcor victorieusement auprès de ses pairs d'Afrique australe et négocie la fin de ce projet, lors de la réunion des ministres de l'Énergie de la SADC en février 2010. Malgré la véhémence du Directeur général du Westcor, le projet est abandonné. Ce dernier, agacé par la versatilité des autorités congolaises, qui n'étaient plus à démontrer selon lui, déclara de manière vexatoire à l'équipe des Conseillers du ministre de l'Énergie « que la RD Congo n'était pas en mesure de développer Inga III, encore moins Grand Inga... »

Constat triste, Inga III n'est pas encore lancé à ce jour, 10 ans plus tard...

La centrale hydroélectrique de Grand Katende

La partie centrale de la RD Congo accuse un déficit sévère en électricité, moins de 1% de la population a accès à l'électricité dans cette région. Le projet de construction de la centrale hydroélectrique de grand Katende, destiné à produire une puissance électrique de 64 mW sur la rivière Lulua, a connu une péripétie particulière dans son développement.

Le coût du projet a été réévalué à USD 280 millions, montant largement supérieur à celui retenu par les premières études de faisabilité, et pour lequel une contribution financière significative était attendue de la partie congolaise.

Comme à chaque fois la partie congolaise prise de court avait semblé n'avoir pas été préparée pour contredire la partie indienne sur le coût réévalué du projet. Les experts ont dû céder face à l'empressement consécutif aux agendas politiques. La libération de la quote-part de financement par la partie congolaise avant le début d'exécution du projet a été éprouvante, comme une mer à boire. L'accroissement important de l'emprunt contracté pour financer le projet a naturellement alourdi le fardeau de la dette à porter par les citoyens. Par ailleurs, la construction de Katende a

dû s'étirer à cause des défis d'ordre logistique dans un espace physique sous-équipé et enclavé.
Les problèmes internes à la partie indienne qui assurait le gros du financement du projet vont entraîner la suspension des travaux vers fin 2016 et le climat d'insécurité qui va prévaloir dans la région presque à la même période fera partir le personnel du site, laissant la place aux miliciens qui vont s'emparer des matériels retrouvés sur le chantier. À ce jour, la partie congolaise fournit des efforts pour relancer le projet sans encore y parvenir jusqu'au moment où la rédaction de cet ouvrage est en train d'être achevée.
Mais le service de la dette lui devrait courir déjà. Inutile d'allonger l'énumération de mauvaises expériences en évoquant les projets de construction des centrales hydroélectriques de Kakobola et Zongo II conçus à la même période et non encore achevés à ce jour pour des raisons presque similaires (contexte sociopolitique entre 2016 et 2019, difficultés de trouver le financement additionnel, difficultés logistiques, suivi inadéquat…). Seulement dans ces derniers cas, il n'y a pas eu pillage de chantiers. Avec toutes ces expériences, il peut s'établir qu'il est difficile de faire avancer en temps prévu un projet en RD Congo et de pouvoir l'achever de manière satisfaisante, secteurs d'activités confondus. Le manque à gagner généré par les mauvaises habitudes et les comportements inadéquats décrits plus haut représente un coût social, économique et financier énorme aux dépens du pays.

Les facteurs d'ordre économique et managérial

Qualité de la planification

Le développement du secteur d'électricité a fait partie du plan de développement économique pour le Sénégal (Plan Sénégal émergent), pour la Côte d'Ivoire ou pour le Cameroun ; ces plans ont été jugés suffisamment crédibles par les bailleurs de fonds, partenaires de ces pays, et ont permis de mobiliser suffisamment des moyens pour financer la « composante électrification », comme on le verra dans le chapitre suivant. Certes, les DSCRP I et II, les cinq chantiers, la révolution de la modernité de la RD Congo ont aussi intégré l'électrification comme un aspect majeur de la croissance et de la lutte contre la pauvreté. La différence est apparue dans la capacité de mobiliser les ressources par rapport au besoin de financement.

Modicité des ressources financières disponibles
Tant publiques que privées. Ce manque des ressources pour financer les investissements a inspiré la loi 14-11 relative au secteur d'électricité de tendance libérale qui accorde une place de choix à l'initiative privée. Il est espéré à terme que ce nouveau dispositif juridique puisse encourager la mobilisation des capitaux privés pour le secteur.

Environnement des affaires
La RD Congo n'a pas encore une bonne réputation dans le classement Doing business, loin s'en faut. Cette faiblesse exerce une force centrifuge pour les investissements notamment pour l'électricité, au lieu d'attirer les capitaux.

Prix
Le prix d'électricité reste administré, ou en langue facile il est fixé par l'autorité publique qui considère l'énergie électrique comme un produit stratégique. De manière générale le tarif d'électricité est déficitaire, décourageant ainsi l'investissement dans ce secteur, en particulier l'investissement privé.

La RD Congo est certes un pays gâté en ressources énergétiques naturelles, mais cette abondance en ressources n'a pas suscité le développement énergétique comme sous d'autres cieux. L'énergie consommée par la majorité des Congolais vient de la biomasse, essentiellement du bois de chauffe et ses dérivés (95%) à l'aube du 21e siècle. Ce pourcentage décourageant remet en cause la politique publique en matière énergétique qui n'a pas fonctionné. Les faiblesses du système congolais inventoriées et commentées dans les lignes précédentes n'ont pas permis l'émergence énergétique comme pour d'autres pays africains. Elles ont au contraire joué un rôle de pesanteur contre la réforme du secteur d'électricité décidée en 2009.

Chapitre 4
Réforme du secteur de l'électricité

Pour apporter la solution au déficit énergétique de la RD Congo le Gouvernement, unanime avec ses experts et conseillers, a envisagé de réformer le secteur de l'électricité en 2009 à l'instar des autres pays africains qui s'étaient livrés à cet exercice près d'une dizaine d'années auparavant. Ce chapitre qui va s'étendre sur six points vise à comprendre le concept de réforme du secteur d'électricité lui-même. Le premier point présente la motivation de la réforme tel que vue par ses initiateurs, le second va s'intéresser à la manière dont cette réforme va se dérouler tandis que le troisième reviendra sur l'objectif assigné à cette réforme. Le quatrième point va décomposer la réforme pour apprécier le niveau d'accomplissement de chacune de ses sections, le cinquième va émettre un jugement conséquent sur la lettre de politique du secteur d'électricité extravertie et incomplète et le sixième sera consacré à l'étude des cas des autres pays africains: Sénégal, Côte d'Ivoire et Cameroun.

4.1. Motivation de la réforme

La RD Congo n'a pas pu, jusque maintenant, développer son secteur de l'électricité ni suivant l'évolution de ses besoins en énergie, ni en rapport avec son énorme potentiel en ressources énergétiques. Après les épisodes mémorables de la construction des centrales hydroélectriques Inga I et II des années 1970 et 1982, les nouveaux investissements de cette envergure, qui permettrait de réduire significativement le déficit énergétique au niveau national et soutenir le développement d'une économie qui peine à décoller, se font toujours attendre.
Par l'absurde, si on se livrait à l'exercice d'évaluer le manque à gagner que le déficit énergétique permanent engendre dans le

secteur lui-même - l'électricité étant une marchandise qui se vend bien - et dans d'autres secteurs productifs, c'est à l'échelle exponentielle que le coût d'opportunité encouru serait évalué. Lors des échanges sur les études de développement du site hydroélectrique d'Inga, des élucubrations techniques ont avancé que la centrale hydroélectrique d'Inga III, envisagée comme point de départ de la construction de Grand Inga, dans son scope originel d'une puissance de 4 800 MW, pouvait procurer chaque année au moins USD 750 millions des recettes directes au trésor de la RD Congo. Il y a lieu de regretter le report répétitif d'un tel investissement depuis plusieurs années.

Rater ou retarder des opportunités de développement comme celles que la nature a offertes généreusement à la RD Congo renvoie à un exercice collectif d'introspection et d'interrogation pour comprendre les causes de cette désinvolture et considérer ensemble des améliorations nécessaires pour y remédier. Le manque de progrès du secteur énergétique n'est pas un fait isolé, d'autres secteurs économiques avec un grand potentiel au niveau national ne se portent pas mieux non plus à cause des politiques et stratégies de développement inappropriées, non intégrées et sans suivi qui les ont caractérisés. Il s'observe une grande difficulté à tirer profit des ressources naturelles de manière optimale pour le pays.

Par ailleurs, une chose est de construire les infrastructures d'électricité, l'autre est de les maintenir pour en assurer une exploitation avantageuse. La maintenance n'a pas été le point fort du secteur électrique national, loin s'en faut. En moyenne le secteur a fonctionné sur de longues périodes à la moitié de la capacité installée.

L'opérateur public du secteur, la Snel est en proie à des difficultés multiformes qui ont eu le temps de s'aggraver au point où cette entreprise ne présente plus de capacité de s'autodévelopper. La crise permanente qu'elle traverse l'a ruinée sur les plans matériel, technique, opérationnel et financier. Un secteur qui présente un tableau sombre comme celui décrit plus haut n'a de l'avenir qu'à travers une réforme profonde incluant nouvelle politique, stratégies et orientations pour un nouveau départ.

Mais il faudra plus que les bonnes idées, les intentions et les plans... Le besoin en moyens financiers est énorme pour changer la situation énergétique de la RD Congo de manière significative. S'il faut à l'Afrique subsaharienne environ 32 milliards de dollars américains d'investissement annuel dans le secteur d'électricité pour atteindre l'objectif 7 de développement durable à l'horizon 2030[13], à savoir garantir l'accès de tous à des services énergétiques fiables, durables et modernes, à un coût abordable, la RD Congo a besoin d'investissements massifs d'environ USD 3,5 milliards annuellement pour rattraper son retard. Le pays est très loin d'atteindre cette cible.

4.2. Démarche adoptée pour mener la réforme

Conférences, colloques, états généraux, ateliers et toutes sortes de rencontres ont été organisés depuis des années pour évoquer la problématique de l'électrification de la RDC. Mais ils se sont limités à établir la gravité du problème du secteur d'électricité et l'urgence d'agir, sans mesures concrètes pouvant faire la différence au niveau de la desserte en électricité dont le taux a été parfois maquillé pour la propagande politicienne. Ce taux a varié selon les sources entre 10% et 19% entre 2010 et 2019, taux très faibles dans tous les cas et peu évolutifs même par rapport au niveau de l'Afrique subsaharienne qui affiche une moyenne de 35%.

À la différence des rencontres récurrentes d'experts, l'atelier de validation du document de politique du secteur de l'énergie électrique tenu au mois de mai 2009 va avoir le mérite de bien poser le jalon en vue d'une relance méthodique du développement de l'électricité en RD Congo. En effet, il fallait d'abord élaborer une nouvelle politique nationale de l'électricité, en définir les stratégies et un plan d'actions susceptible d'assurer le développement de ce secteur déterminant pour l'avenir socioéconomique du pays.

[13] Données tirées des projections de l'Agence Internationale de l'Énergie.

4.3. Objectif de la réforme

L'Objectif général visé par la réforme du secteur d'électricité selon le document de politique de 2009 a été *de couvrir progressivement et de façon équilibrée, les besoins en électricité dans tous les secteurs d'activités (domestiques, publics et industriels) sur tout le territoire national et développer concomitamment une politique d'exportation d'une partie de l'énergie électrique, par un approvisionnement en électricité dans les meilleures conditions de fiabilité, de prix et de protection des écosystèmes*. Cet objectif général a été décomposé en objectifs spécifiques, notamment :

1. Accès au Service :

a) assurer, à l'horizon 2025, une plus grande accessibilité de toutes les couches sociales et les communautés nationales de base à une énergie électrique fiable, en vue d'augmenter le taux de desserte à 60 % et au-delà, sur l'ensemble du territoire national.

b) accélérer l'électrification urbaine et rurale à l'horizon2025 en utilisant, en priorité, l'hydroélectricité, mais aussi toutes les autres sources d'énergie exploitables

c) garantir l'approvisionnement en électricité du pays dans les meilleures conditions de sûreté et de prix.

d) assurer l'efficacité économique de la production d'électricité travers des tarifs qui permettent la viabilité des opérateurs du secteur.

e) intervenir ponctuellement par des subventions spécifiques lorsqu'elles sont nécessaires.

2. Restructuration de la SNEL pour faire du secteur de l'électricité un des piliers de la relance et de la croissance de l'économie congolaise.

3. Exportation et intégration régionale : exporter une partie de la production de l'électricité par le biais des réseaux interconnectés, des pools énergétiques et des organisations sous-régionales et utiliser les revenus d'exportation d'énergie pour le développement d'autres infrastructures à caractère national, notamment pour l'électrification rurale.

4. Promotion de toutes les sources d'énergie renouvelables autres que l'hydroélectricité, avec notamment l'utilisation rationnelle et

durable des combustibles ligneux en substitution du gasoil dans les centres autonomes à génération thermique.[14]
Vu l'ampleur des changements nécessaires à apporter dans le secteur pour atteindre ces objectifs spécifiques, une approche réformatrice, couvrant tous les aspects du secteur électrique (légal et institutionnel, économique et financier, technique et opérationnel...), a été adoptée.

4.4. Les grandes composantes de la réforme

Le diagnostic du secteur d'électricité déficient de la RD Congo a motivé l'idée de le réformer pour sa relance et son développement. Beaucoup d'autres pays, parmi lesquels des pays africains, confrontés à la faible capacité de leur secteur énergétique pour soutenir leur développement socioéconomique, ont procédé à des réformes, bien avant la RD Congo. Avec succès pour les uns, succès mitigés, voire échec pour d'autres, quelques-unes de ces expériences seront développées dans ce chapitre pour aider à cerner les difficultés spécifiques à la RD Congo. Dans le document de politique du secteur d'électricité, la réforme-remède peut être découpée en composantes détaillées ci-dessous. Ces composantes ont été présentées comme des stratégies pour réussir la réforme dans le DPSE.

4.4.1Réforme du cadre juridique et institutionnel

Cette composante vise à obtenir une plus grande clarté légale et institutionnelle dans le secteur d'électricité. Le besoin de clarté a été maintes fois exprimé par tous les acteurs sectoriels, dont les investisseurs privés et des partenaires au développement. La clarté recherchée devrait garantir une plus grande crédibilité à la démarche de l'État pour développer le secteur et améliorer son attractivité.[15]

---

[14] Tiré du document de politique du secteur de l'énergie électrique, pg 38 et 39.
[15] ESSEQQAT Henri, *les Énergies renouvelables en RD Congo*, PNUE 2011, pg 3.

A) Réforme du cadre juridique

Selon le document de politique du secteur de l'électricité, il faut une nouvelle loi pour le secteur qui est régi par plusieurs textes épars, parfois même incohérents et inadaptés, difficile à mettre en œuvre par rapport à l'évolution de l'environnement politique, économique et social sur le plan tant national qu'international. En effet, une branche du secteur économique aussi cruciale qui devait être développée rapidement avait besoin d'être régie par une loi en phase avec le contexte nouveau, celui du libéralisme, de la concurrence et du profit.

C'est chose faite aujourd'hui, la loi N°14/011 relative au secteur de l'électricité a été promulguée le 17 juin 2014. La nouvelle loi poursuit plusieurs objectifs dont les plus importants sont notamment :

1. Améliorer le taux d'accès à l'énergie électrique. En effet, le taux d'accès à l'électricité en RD Congo est très bas, en termes réels près de 90% de la population n'a pas accès à l'électricité si on doit tenir compte de la mauvaise qualité et de la disponibilité aléatoire de cette source d'énergie. La desserte en électricité dans le pays (moins de 20%) reste encore de loin plus faible que la moyenne subsaharienne qui tourne autour de 35%. La situation en zone non urbanisée est encore plus déplorable car en moyenne 1% seulement des populations rurales a accès à l'électricité.[16]

B) Doter le secteur d'un cadre juridique unique, adapté et attractif

Un cadre juridique unique, comparativement à la panoplie des textes qui ont régi le secteur auparavant devenus désuets par rapport à l'évolution du contexte politique, économique et social. En effet, organiser le monopole de fait de production, transport et distribution d'électricité en faveur d'une entreprise de l'État contrainte de vendre l'électricité à un prix systématiquement inférieur au coût de revient et en l'absence d'une pratique de subventions d'équilibre, n'était plus en phase ni avec la politique économique de tendance libérale vers laquelle s'oriente la RD Congo, ni avec le besoin d'attractivité indispensable à la

---

[16] BAD, *Rapport d'évaluation du projet d'électrification périurbaine et rurale*, 2010 pg 5.

mobilisation des capitaux pour investir dans le développement de l'électricité.

C) Créer un cadre institutionnel et des conditions économiques permettant la réalisation, la sécurisation et la rentabilisation des investissements

Il faut avouer qu'il y a encore peu d'avancées par rapport à cet objectif. L'autorité de régulation qui doit arbitrer l'activité libéralisée est à peine en train de prendre corps, les conditions économiques pour les exploitants existants ne sont pas incitatives et ne rassurent pas quant à la rentabilité de l'investissement avec une politique tarifaire confuse, par moment discriminatoire.

D) Attirer les investissements vers le secteur de l'électricité et favoriser l'émergence énergétique nationale par le recours au partenariat public-privé

Faire de l'électricité un secteur attractif pour les investissements publics et privés est certainement la clé de la réussite de la réforme de ce secteur dont les besoins en capitaux sont énormes. Le faible taux d'accès à l'électricité s'explique d'ailleurs en grande partie par le manque d'investissements dans le secteur pendant une longue période, entre les années 1982 et 2010 en particulier.

Rendre le secteur de l'électricité attractif pour les investisseurs est une grande problématique qui couvre des aspects très variés, politiques, juridiques, sécuritaires, économiques qui doivent être traités chacun efficacement. Dans le langage du moment, c'est notamment de l'amélioration du climat des affaires qu'il s'agit, domaine dans lequel le système congolais n'est pas brillant.

La loi a également préconisé les voies et moyens pour atteindre les objectifs ci-haut et notamment : la libéralisation du secteur, la répartition claire de compétences dans le secteur, la promotion de l'électrification des milieux ruraux qui ont une population majoritaire comparés aux zones urbaines relativement mieux desservies, la protection de l'opérateur et du consommateur, etc.[17]

---

[17] Pour plus de détails lire le texte de loi n° 14/11 publié par le journal officiel, numéro spécial du 20 juin 2014.

E) Réforme du cadre institutionnel

Dans le contexte d'un régime juridique du secteur de l'électricité diffus, fait de plusieurs textes parfois incompatibles, les institutions appelées à assurer l'application de ces textes ne pouvaient évoluer que dans la confusion et les interférences, sans délimitation précise des compétences, ni des attributions. Dans un environnement comme celui-là, l'efficacité et la réussite sont sujettes à caution. La nouvelle loi a eu le mérite d'apporter plus de clarté dans la répartition des compétences entre différentes institutions intervenantes, chacune dans sa mission. Le Gouvernement central a des pouvoirs clairement délimités pour ne pas s'immiscer dans les compétences des Provinces. La nouvelle loi a créé une autorité de régulation sectorielle et un établissement public chargé de la promotion et du financement de l'électrification en milieux rural et périurbain. C'est déjà un pas de franchi d'avoir ce nouvel ordre institutionnel dans la loi. Il reste le plus important, à savoir l'existence organique de nouvelles institutions et l'effectivité de nouvelles dispositions. C'est le pari à gagner pour donner une nouvelle impulsion au secteur.

4.4.2. Réforme de la Snel

Motivation et contenu de la réforme de la Snel

La Snel est l'opérateur public du secteur d'électricité du pays, et de loin l'opérateur le plus important. Elle assure plus de 90% de la production d'électricité et quasi exclusivement son transport et sa distribution. Après plusieurs décennies d'activités (depuis 1970) cet acteur principal de l'histoire de l'électricité en RD Congo a beaucoup perdu de sa superbe et de ses capacités.[18]

Il n'en serait pas autrement eu égard à la dégénérescence généralisée qui a caractérisé l'évolution du pays durant des décennies, dégénérescence faite des crises multiformes qui ont aggravé la mauvaise gestion du patrimoine public, régulièrement pillé, voire détruit carrément.

Au lieu d'être une entité économique avec les exigences que ce statut implique, cette entreprise de fierté nationale a été détournée

---

[18] Pour plus de détails, lire l'histoire de la Snel sur snel.cd.

de sa mission pour servir de fois des causes politiciennes non professionnelles. Compte tenu de l'importance de la Snel dans le secteur d'électricité, sa réforme mérite d'être considérée comme un pas important et gage de réussite de la réforme du secteur dans sa globalité. D'ailleurs, de manière naturelle, l'opinion publique nationale confond allégrement le secteur d'électricité avec la Snel qui n'en est qu'une composante, quoiqu'essentielle. Tous les fléaux énergétiques endurés par la population sont attribués à la Snel... Aussi, dans le cadre de la stratégie de réforme des entreprises publiques, la SNEL va occuper une place de choix.
C'est une cure en deux étapes qui sera proposée à cette entreprise. Le traitement va comprendre(i) l'adaptation de la SNEL aux nouveaux cadres juridique et institutionnel du Portefeuille de l'État et des affaires en la transformant en société commerciale, première étape et (ii) sa restructuration avec une première phase de stabilisation et de redressement et une seconde phase de restructuration proprement dite, comme deuxième étape.[19]
La réforme a été accueillie froidement notamment par une bonne partie du personnel de la Snel craignant tantôt pour leur emploi, tantôt pour la diminution de leurs « droits », sans compter les appréhensions de ceux qui avaient besoin de continuer de tirer des avantages directs ou indirects en utilisant les moyens de cette entreprise. La réforme, qui visait à mettre fin aux interférences intempestives à caractère politique dans la gestion de la Snel, ne pouvait être la bienvenue et bénéficier des appuis et de l'attention requis, loin s'en faut. Pourtant, pour une grande entreprise ramenée à une situation de précarité telle que l'a été la Snel malgré son rôle primordial dans l'électrification nationale, la restructuration s'impose comme la seule voie pour sa survie.

Résultats obtenus

Dans un contexte pas très serein la Snel a été transformée en société commerciale se dotant de nouveaux statuts et d'un bilan d'ouverture. Cependant l'impact de cette phase préalable de la réforme sur la situation de l'entreprise n'est pas encore perceptible jusqu'à ces jours ; car en effet de fortes pesanteurs

---

[19] Extrait de l'état des lieux de la réforme de la Snel, présentée par le Secrétaire Exécutif du COPIREP aux assises sur le secteur de l'électricité en RDC.

subsistent pour que l'entreprise devienne réellement une entité commerciale émancipée dans ses choix de politique, dans la fixation de prix de ses produits et même en matière de pouvoirs reconnus à ces organes de gestion. Au niveau opérationnel, la situation a semblé se stabiliser certes, mais à un très bas niveau par rapport à la dimension de l'entreprise.
La restructuration qui est la phase ultime de la réforme est à venir. Mais on n'entend plus le sujet être évoqué avec engouement dans les cercles décisionnels comme auparavant. Si la Snel doit jouer le rôle qui lui revient dans la relance de l'électrification, elle devrait présenter une situation patrimoniale solide capable de lui faciliter l'accès aux capitaux tant publics que privés, l'une des finalités de sa réforme.
Dans sa situation juridique, financière et patrimoniale actuelle, la Snel ne pourra mobiliser des capitaux qu'avec beaucoup de peines. Elle sera par conséquent appelée à recourir à l'État-propriétaire qui a d'autres priorités impliquant des sollicitations budgétaires multiples. La réforme de la Snel, opérateur majeur du secteur d'électricité, est donc à poursuivre et à accélérer pour que cette société soit en mesure de contribuer efficacement à relever le défi de l'amélioration de la desserte en énergie électrique en RD Congo. De par sa taille et son expérience, la Snel garde un rôle prépondérant à jouer dans le développement du secteur d'électricité même dans le contexte actuel de libéralisation des activités du secteur d'électricité.

4.4.3 Gestion des ressources énergétiques

Pour cette composante l'idée réfère à la valorisation de l'ensemble de ressources énergétiques du pays. Pour cela il faut pouvoir les identifier et les évaluer, comme préalable à leur exploitation optimale. L'instrument préconisé était le schéma directeur d'aménagement et de gestion des ressources énergétiques qui devait être élaboré pour favoriser un développement énergétique équilibré et durable au niveau national. La capacité de financement n'a pas été évoquée comme préalable… La stratégie de valorisation des ressources énergétiques naturelles n'a pas fonctionné comme prévu.

4.4.4 Participation aux projets d'intégration régionale en matière d'électricité

L'exploitation des ressources énergétiques doit se faire de manière rationnelle économiquement pour que des investissements lourds et coûteux tant de production que de transport d'énergie électrique soient soutenables et rentables. Elle devrait tenir compte de la situation économique faible des pays africains dont les marchés d'électricité sont encore étroits, pour la plupart. D'où il faut privilégier l'approche de pools énergétiques et les interconnexions transfrontalières pour créer de grands marchés d'électricité. La RD Congo, en tant que membre des pools énergétiques sous régionaux, a envisagé de mettre en valeur ces ressources par le développement de grands projets hydroélectriques pour exporter davantage de l'énergie électrique vers ses pairs.

L'idée reste encore un rêve, en ce moment où le pays s'est plutôt résigné dans une position d'importateur d'électricité à partir des contrées connectées à ses réseaux à l'est et au sud, bien que ces contrées soient moins dotées en ressources énergétiques. A part la nouvelle loi sur l'électricité et les institutions qu'elle a prévues non encore effectives, les autres stratégies de la réforme n'ont pas évolué comme on peut s'en rendre compte.

Dans ces conditions la réforme de l'électricité elle-même ne pouvait pas atteindre son objectif.

Ainsi la réforme pourrait se résumer en un schéma un peu simpliste qui n'a pas accordé beaucoup d'importance à pas mal de dimensions essentielles à sa réussite. On y reviendra plus loin.

Figure N°7 : Réforme selon le DPSE

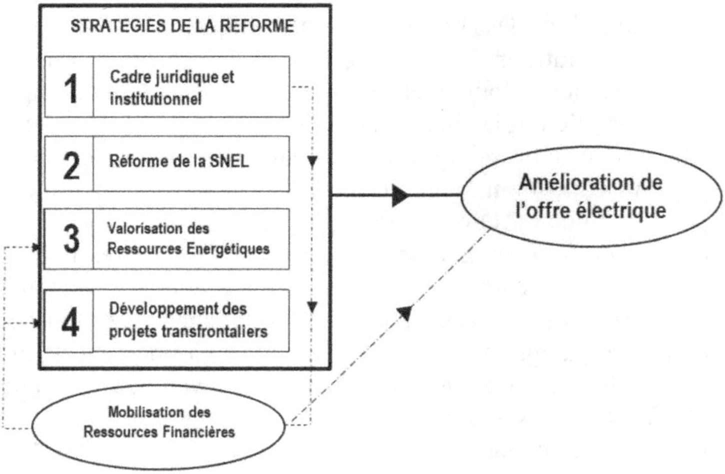

Si stratégie garde sa définition classique signifiant la manière de s'organiser ou de manœuvrer en vue d'atteindre un objectif, la mobilisation de financement aurait été un élément critique du DPSE. En tant que telle, la question de financement aurait dû avoir une bonne place parmi les stratégies déterminantes de la réforme, au lieu d'être considérée comme simple moyen d'action.

Des quatre stratégies mises en exergue par le DPSE, seule la première a évolué à un niveau satisfaisant, cependant avec de retards considérables. Comment la réforme pouvait-elle alors atteindre son objectif. Les traits discontinus du schéma décrivent les relations causales inter factorielles qui n'ont pas été établies, ni explicitées, ni exploitées dans le DPSE.

4.5 Vision incomplète et extravertie du document de politique

Le document de politique du secteur de l'électricité élaboré pour la relance et le développement de ce secteur, dont l'utilité et le caractère prioritaire ont fait l'unanimité, a été un travail appréciable. Cependant on peut reprocher à cette œuvre d'être restée incomplète, en ce qu'elle a plutôt survolé l'aspect critique du coût de la réforme et de son financement. Cette dimension va tout de suite s'avérer plus déterminante pour l'opérationnalisation de la réforme. Cette réforme a sous-estimé les aspects culturels et sociopolitiques propres au pays.

L'œuvre paraît incomplète aussi du fait d'avoir éludé de préciser les acteurs et leurs responsabilités dans la réforme offrant ainsi aux différentes entités intervenantes (les institutions publiques, les opérateurs, la société civile, les partenaires au développement…) la possibilité de se rejeter l'échec mutuellement.

S'agissant d'un document de politique nationale, la place réservée aux partenaires extérieurs semble être primordiale, rendant le développement de l'électricité tributaire des controverses parfois capricieuses de la coopération avec l'extérieur ou avec les institutions multilatérales. L'autonomie des décideurs locaux n'est plus évidente dans un secteur si crucial livré aux aléas des relations parfois crispées avec les partenaires au développement et *les pays amis*.

La forte dépendance du développement du secteur d'électricité vis-à-vis de l'extérieur est mise en exergue dans le document de politique sectorielle où il est écrit notamment ce qui suit : « *la République Démocratique du Congo a besoin d'énormes ressources financières pour développer son secteur de l'énergie, spécialement l'électrification et l'exploitation des ressources d'énergies nouvelles et renouvelables. Pour mobiliser les ressources nécessaires, le Gouvernement de la République Démocratique du Congo compte sur (*en premier lieu*) la coopération bilatérale et multilatérale ;* tandis que *s'agissant des ressources publiques, le Gouvernement mettra à la disposition du secteur de l'énergie électrique les ressources compatibles avec le budget de l'État. Il les affectera, en priorité, aux domaines les moins attractifs pour les opérateurs privés, mais à impact socio-économique le plus élevé »*[20]

Faisant du développement de l'électricité un impératif national d'abord, il aurait fallu que la volonté politique qui sous-tendrait cette vision fût exprimée à travers une quotité budgétaire

[20] Document de politique du secteur d'énergie électrique, pg 59 et sv.

minimum engageante, modique soit-elle, allouée annuellement au secteur de l'électricité au lieu de s'en remettre aux ressources compatibles avec le budget de l'État, idée qui enlève tout aspect de priorité ou d'obligation à investir dans l'électricité. À ce sujet, le rapport entre les interventions extérieures et la part de financement intérieur est très préoccupant aussi bien pour la construction de nouvelles infrastructures que pour les besoins de maintenance de l'existant.

Inga I et II ont été financés par des emprunts publics extérieurs, de même que les projets récents de construction des centrales hydroélectriques de Kakobola, Katende et Zongo. Les miniers confrontés aux pires difficultés d'approvisionnement en énergie électrique dans le Katanga ont dû mettre la main à la poche ou emprunter auprès d'institutions financières extérieures pour financer des projets de réhabilitation ou d'extension des centrales hydroélectriques et réseaux associés ; quitte à se faire rembourser sur un long échéancier par l'opérateur public, la Snel, par déduction sur les factures de consommation d'électricité. La Snel elle-même critique le coût financier très élevé de cette pratique, à ses dépens.

De même, Inga III, destiné à être un projet décisif pour améliorer significativement l'offre de l'énergie électrique et amorcer le développement du Grand Inga, a été remis sur la table à l'initiative d'un groupe minier étranger à la recherche d'énergie électrique pour son projet d'implantation d'une aluminerie. À l'abandon de ce projet par ce groupe minier, ce sont des partenaires au développement qui se sont montrés plus actifs et plus concrets pour Inga III, en poursuivant le financement des études et parfois les frais de fonctionnement de la task force ad hoc.

Dans un tel contexte Inga III ne pouvait que prendre beaucoup de retard et il n'est toujours pas à la phase de construction. La dimension économique et financière semble n'avoir pas été prise en compte avec l'importance qu'elle mérite dans la réforme. Le mécanisme de financement du partenariat public-privé ou simplement la mobilisation des capitaux privés ont été juste évoqué sans parler des stratégies pour les activer. Néanmoins, plus tard, la loi N°14/011 de juin 2014 relative au secteur d'électricité et la loi N°18/016 de juillet 2018 relative au partenariat public-privé sont venues combler, du moins sur le plan de principes, cette lacune. Il vaudra mieux que ces lois s'appliquent.

4.6. Autres expériences de réforme du secteur d'électricité

La réforme du secteur d'électricité a été ressentie comme une mesure indispensable pour soutenir le développement économique et l'amélioration du bien-être collectif dans presque tous les pays africains au courant des décennies 80 et 90. Elle s'inscrit comme une disposition conséquente de la foulée des mesures de réajustement structurel préconisé par le Fonds Monétaire International et largement partagée par la Banque Mondiale.
En effet, au début des années 80, malgré l'augmentation en terme absolu des exportations des matières premières des pays de l'Afrique subsaharienne, l'évolution de leur situation socioéconomique reste faible. Leurs économies sont toujours figées, contre performantes et ces États développent des déficits des finances publiques et de leurs balances de paiement qui inquiètent les bailleurs de fonds en attente désespérée du remboursement des prêts consentis auparavant.
Le fonds Monétaire International et la Banque Mondiale conditionnent l'aide à ces économies en crise à des trains de mesures, semblables d'un pays à l'autre, pour faire face aux problèmes conjoncturels d'abord et restructurer leurs économies par la suite. Ces mesures concernent des réformes économiques qui ont un relent libéral. Notamment, les États subsahariens sont invités à revoir leurs dépenses en faveur des services publics et certains secteurs d'activité, dont celui de l'énergie. Les institutions de Bretton Woods conseillent aux États de se tourner vers les capitaux privés pour financer le développement de leur secteur énergétique. Pour que ce secteur attire les capitaux privés il doit être réformé, régi et géré par des règles inspirées du libéralisme. Les entreprises étatiques d'électricité, endettées auprès de la Banque mondiale, notamment, et à bout de souffle pour assurer le service de la dette, feraient mieux d'accepter d'être privatisées.

Plusieurs États s'engagent alors dans des programmes d'ajustements structurels avec des degrés d'enthousiasme contrastés et aboutiront à des résultats tout aussi différents selon qu'on aura été bon ou mauvais élève… Les réformes structurelles préconisées prendront beaucoup de temps pour être acceptées et mises en œuvre par les classes dirigeantes qui devaient ménager leur popularité par des approches démagogiques (les actions sociales sans lendemain, dispense des taxes, saupoudrages des subventions aux services publics sans considération de rendement…).
Le degré d'enthousiasme en question va influer sur la célérité, la teneur et l'effectivité de réforme du secteur énergétique à travers différents pays. Pour mieux cerner les causes du parcours difficile de la réforme du secteur de l'électricité en RD Congo, un survol du même processus dans les pays comparables paraît approprié. En effet, l'analogie, bien que critiquée par les cartésiens, est une grande source d'inspiration et d'émulation pour des sujets semblables dans notre univers concurrentiel.

4.6.1 Réforme du secteur énergétique du Sénégal

Entre1998 et 2000, le Sénégal a mis en œuvre un programme des réformes du secteur énergétique dans son ensemble, l'électricité en étant un sous-secteur.
Ce programme des réformes était articulé autour de grandes lignes suivantes :

- Modifier cadre légal et réglementaire sectoriel ;
- Recentrer les missions de l'État dans le secteur ;
- Promouvoir une plus grande participation du secteur privé ;
- Libéraliser le secteur;
- Créer les conditions de saine concurrence ;
- Garantir l'approvisionnement énergétique au meilleur coût ;
- Accélérer l'électrification rurale.

En vue de réaliser ce programme, une stratégie a été adoptée et comprenait entre autres, en ce qui concerne spécifiquement le domaine de l'électricité qui nous intéresse :

- La privatisation de la SENELEC, la Société Nationale d'Électricité du Sénégal ;
- La restructuration de l'industrie électrique pour introduire progressivement la concurrence ;
- La mise en place d'une régulation autonome ;
- La définition de nouveaux principes tarifaires ;
- La création d'une structure publique dédiée à l'électrification rurale.[21]

En vue de parachever ce programme, le Gouvernement du Sénégal va élaborer sa Lettre de Politique de Développement du Secteur énergétique « LPDSE » en 2003. Ce document assez exhaustif aura pour but de définir de nouvelles mesures aptes à favoriser le développement du secteur, une plus grande implication du secteur privé et la réduction du coût d'approvisionnement supporté par les consommateurs. La similitude méthodologique et du contenu de cette LPDSE avec le cas de la RD Congo est saisissante.

Les principaux axes de la stratégie retenue par le Gouvernement du Sénégal consistaient à :

- Restructurer le sous-secteur de l'électricité en vue d'une plus grande efficacité et en vue du désengagement de l'État par une plus grande implication du secteur privé dans l'investissement et la gestion aussi bien de SENELEC que de l'électrification rurale ;
- Renforcer les conditions de concurrence dans le sous-secteur des hydrocarbures ;
- Intensifier la promotion du bassin sédimentaire sénégalais ; et
- Consolider la gestion durable des ressources ligneuses par la responsabilisation accrue des collectivités locales.

---

[21]Extrait de la présentation de SECK NDOYE Maïmouna sur *la réforme du secteur de l'électricité au Sénégal* au 2e colloque du réseau MONDER, Buenos Aires, décembre 2003.

De manière pratique, outre la confirmation du rôle d'Acheteur unique conféré à SENELEC, il a été décidé de développer tout projet de nouvelle centrale électrique en priorité comme une entreprise privée de production, de céder les centrales existantes au secteur privé dans la mesure du possible compte tenu de leur potentiel d'extension, de décentraliser la production et enfin, au plan institutionnel, de confier la responsabilité de la gestion et du financement des activités de la SENELEC à un Partenaire stratégique selon la formule de la concession.
En matière d'électrification rurale, afin d'atteindre un taux d'électrification de 15 % en 2005 et 30 % en 2015, l'État a adopté une stratégie reposant sur l'érection du secteur privé en acteur majeur de l'électrification rurale et sur l'adoption du concept de concession d'électrification rurale comme cadre de mise en œuvre du programme prioritaire de l'État.
Les réformes vont concerner aussi les domaines des hydrocarbures et des combustibles domestiques. Cependant, des années après, le secteur de l'énergie du Sénégal a continué à connaître des vagues de tensions dans l'approvisionnement des ménages, de l'industrie ainsi que de tous les autres secteurs d'activités. Le renchérissement sans précédent des prix des produits pétroliers a été, en effet, le déclencheur d'une grave crise du système d'approvisionnement énergétique, manifestée par des périodes de pénurie dans la distribution aussi bien des carburants, du gaz butane que de l'électricité.
Cette crise va amener le Gouvernement sénégalais à réexaminer les orientations fixées par la LPDSE2003 en termes de pertinence et à retenir de nouvelles mesures aptes à favoriser le développement du secteur de l'énergie sur la période 2007-2012. Il s'est agi cette fois-là d'inscrire ces mesures, en cours de mise en œuvre pour certaines, dans le cadre global d'une politique et d'une stratégie claires, suffisamment bien articulées qui vont servir de guide à l'action pour toutes les parties prenantes, État, sociétés d'énergie, investisseurs, partenaires au développement et consommateurs. Cette réorientation a donné quasiment lieu à l'élaboration d'une politique énergétique pour la période 2007 à 2012 mettant en avant les trois objectifs majeurs suivants, inscrits dans la LPDSE 2008 :

- Assurer l'approvisionnement en énergie du pays en quantité suffisante, dans les meilleures conditions de qualité et de durabilité et au moindre coût ;
- Élargir l'accès des populations aux services modernes de l'énergie, et ;
- Réduire la vulnérabilité du pays aux aléas exogènes notamment ceux du marché mondial du pétrole.

En ce qui concerne la nouvelle stratégie pour atteindre les objectifs ci-haut, le Gouvernement a retenu les principaux axes suivants, en ce qui concerne l'électricité :

- Développer et exploiter des potentialités énergétiques nationales notamment dans le domaine des biocarburants et des énergies renouvelables ;
- Diversifier les sources énergétiques à travers la filière charbon minéral, le biocarburant, la biomasse, le solaire, l'éolienne, etc., pour la production d'électricité ;
- Recourir à l'hydroélectricité dans le cadre de la coopération régionale notamment au sein des organismes de bassins fluviaux et du WAPP ;
- Accélérer l'accès à l'électricité, en particulier avec la promotion de l'électrification rurale et le développement des services énergétiques pour la satisfaction des activités productives et sociales.
- Maîtriser la demande d'énergie et améliorer l'efficacité énergétique ;
- Consolider la gouvernance du secteur de l'énergie
- Restructurer le sous-secteur de l'électricité en vue d'une plus grande efficacité et d'une implication judicieuse du secteur privé.[22]

La réforme du secteur énergétique au Sénégal a été une œuvre de longue haleine nécessitant à chaque évaluation des réorientations de la politique et des stratégies de mise en œuvre. La LPDSE 2003 avait été réaménagée par la LPDSE 2008 qui sera à son tour

---

[22] Extrait de la lettre de politique de développement du secteur énergétique du Sénégal.

reconsidérée avec l'élaboration de la LPDSE 2012 ; de la même manière le cadre légal régissant le secteur de l'électricité a été modifié en 1998, en 2002 puis en 2010. Cette réalité est certes la même dans tous les pays qui veulent faire avancer leurs économies étant donné la continuelle évolution des contextes interne et externe qui contraignent les États et les décideurs à s'adapter. En effet, dans un environnement qui change, il n'y a pas de plus grand risque que de rester immobile comme avait dit Jacques CHIRAC, Président de la République française 1995-2007.
De nos jours le secteur énergétique et en particulier l'électrification ont bien évolué au Sénégal, les objectifs retenus, en termes d'amélioration de l'accès aux services énergétiques, sont en train d'être atteints si l'on en croit les statistiques de la base de données Sustainable Energy for all publiées par la Banque Mondiale.

Tableau N°6 : Evolution de la desserte en électricité au Sénégal (en% de la population)

DESSERTE	1998	2002	2017
Zone urbaine	70,4	74,1	91,7
Zone rurale	9,3	11,2	35,4
Moyenne nationale	33,8	36,8	61,7

En interrogeant la réforme du secteur énergétique du Sénégal survolée ci-haut, il ressort quelques axes stratégiques clés, notamment : (i)réforme du cadre juridique et institutionnel du secteur de l'énergie, (ii) libéralisation du secteur de l'électricité pour promouvoir la participation des capitaux privés, (iii) la privatisation de SENELC (société nationale d'électricité qui détenait le monopole de la production, transport et distribution de l'électricité), (iv) la création d'une autorité de régulation de l'électricité, (v) création d'une agence d'électrification rurale et (vi) amélioration de la gouvernance du secteur…

La volonté politique

Elle a été décisive pour développer le secteur d'électricité du Sénégal, pays qui ne compte pas parmi les plus dotés en ressources naturelles. En effet, Le Sénégal a décidé à la fin de l'année 2014 d'adopter un nouveau modèle de développement pour accélérer sa marche vers l'émergence. Cette stratégie, dénommée Plan Sénégal Émergent (PSE), constitue le référentiel de la politique économique et sociale sur les moyen et long termes.

Dans le cadre de ce plan le Gouvernement a engagé les ruptures qui ont permis d'inscrire le Sénégal sur une nouvelle trajectoire de développement. Ces ruptures se sont traduites par des actions hardies pour relever durablement le potentiel de croissance, stimuler la créativité et l'initiative privée afin de satisfaire la forte aspiration des populations à un mieux-être, en vue d'atteindre l'émergence en 2035.

L'implication de la classe dirigeante pour atteindre cette émergence aura été très forte et efficace ; le PSE a été assez crédible au point de convaincre les bailleurs de fonds traditionnels et les milieux d'affaires qui se sont engagés à apporter de financements de loin supérieurs aux besoins du PSE. Pour le premier volet du PSE 2014-2018, le double des sommes annoncées a été souscrit et la mobilisation effective de financements avait dépassé les espérances. Alors qu'environ USD 6 milliards avaient été promis, ce sont finalement plus de USD 11 milliards qui avaient été engagés à travers 173 conventions de financement.

La seconde phase 2019-2023 du PSE sera encore plus prolifique, car contre USD 4,9 milliards espérés des bailleurs institutionnels, les engagements ont atteint USD 14 milliards lors des journées du Groupe consultatif Sénégal en décembre 2019 à Paris. Dans ce PSE la question de la disponibilité de l'énergie a occupé une place de choix, étant considérée comme condition préalable majeure à l'émergence du Sénégal. L'offre de l'électricité a connu ainsi un bon spectaculaire pendant la phase 1 du PSE ; il en sera davantage lors de la deuxième phase au regard de l'importance des projets d'électrification en cours d'exécution.

La construction des infrastructures de soutien à la production, le renforcement du capital humain et l'amélioration du climat des affaires ont aussi été considérés comme les fondements du PSE.

4.6.2 Cas de la Côte d'Ivoire

Confrontée au défi de l'insuffisance croissante de l'offre en énergie électrique avec une société publique d'électricité non performante et surendettée, ainsi qu'un budget national modeste pour financer le développement du secteur énergétique, la Côte d'Ivoire a, à son tour, entrepris des réformes spécifiques dans le domaine de l'électricité. Dans l'approche ivoirienne la réforme a directement visé l'électricité, à la différence de celle du Sénégal qui était globalisante en ciblant le secteur énergétique dans son ensemble. Le processus ivoirien plus axé sur le désengagement de l'État a en outre été plus concis et plus pragmatique que celui du Sénégal.

C'est en plein milieu de la décennie 1980 que la Côte d'Ivoire amorce la réforme de son secteur d'électricité sous l'empire de la loi N°85-583 de 1985, mais les mesures les plus concrètes de cette réforme seront prises à partir de l'année 1998. Dans ce processus évolutif de la réforme, la loi de 1985 se fera remplacer par une autre plus tard en 2014, la loi N°2014-390, dont on peut retenir les objectifs essentiels ci-après :

- Garantir l'indépendance énergétique et la sécurité de l'approvisionnement en énergie électrique ;
- Développer l'énergie électrique et favoriser l'accès à cette énergie ;
- Créer les conditions économiques permettant la rentabilisation des investissements…

Cette amélioration du cadre légal se fait dans l'esprit du plan stratégique de développement de l'électricité mis en œuvre en plusieurs phases.

La réforme a visé dès son amorce la restructuration de la société nationale d'électricité, l'ouverture du secteur aux privés et un désengagement progressif, mais rapide de l'État appelé à se concentrer sur la réglementation et la régulation sectorielles qui relèvent de ces fonctions régaliennes. À la faveur de la réforme du secteur de l'électricité, encouragée par les institutions financières internationales, la Côte d'Ivoire s'est dotée déjà en 1998 de trois entités étatiques en remplacement de la société nationale d'électricité, à savoir Énergie électrique de la Côte d'Ivoire « EECI » qui croulait sous le poids des dettes. Ces trois entités d'État du nouveau paysage ont été:

- L'autorité de régulation du secteur (ANARE) qui a été créée pour assurer le contrôle du concessionnaire et des producteurs indépendants. Elle était aussi responsable de l'arbitrage et des contentieux entre les différents intervenants et la clientèle ;
- Une société en charge de la gestion du patrimoine et de la gestion des flux financiers qui avait pour mission de sauvegarder les actifs et les immobilisations de l'État en assurant la gestion des loyers résultant de la location ou de la mise à disposition de ce patrimoine ainsi que la gestion comptable et financière des investissements de l'État dans le secteur et ;
- Une société d'ingénierie chargée de la planification de l'offre et de la demande en énergie électrique, de la maîtrise d'œuvre des investissements publics et du suivi technique des différents contrats et conventions de concession (contrôle des flux énergétiques).

En plus de ces entités, une société privée dans laquelle l'Etat est actionnaire à 15% va assurer l'exploitation des installations existantes lui louées par l'Etat à travers un contrat d'affermage pour la production, le transport et la distribution de l'électricité. Cette réorganisation du secteur s'est effectuée en vue de donner plus de place aux capitaux privés. Ainsi de nouvelles sociétés privées de production d'électricité sont apparues. Elles étaient appelées Producteurs indépendants d'Électricité (PIE), avec l'État ivoirien comme actionnaire minoritaire (15% environ) dans leur capital. Ces PIE devaient fournir une quantité minimale d'électricité que l'État était obligé d'acheter. L'État ivoirien s'était engagé aussi à fournir le combustible nécessaire à la bonne marche des installations. Cette formule a eu le mérite de sécuriser les investissements et leur garantir une certaine rentabilité.

Le système ainsi mis en place présentait certains avantages. Il a permis l'afflux massif des capitaux privés pour assurer la production d'électricité. Cet afflux a été salutaire vu le besoin croissant du pays en énergie électrique (8% de croissance de la demande par an) et le manque des ressources financières de l'État pour financer l'électricité.
De plus avec cette réforme le recentrage de l'État sur ses activités régaliennes est allé de pair avec une plus grande responsabilisation du secteur privé. Ce qui a engendré, une plus grande rationalisation dans l'utilisation des moyens et dans la gestion des entreprises.
Enfin cette réforme montre une certaine volonté de modernisation de l'État ivoirien en vue d'assurer la compétitivité du secteur.
Cette configuration a eu à évoluer aussi. La structuration actuelle est à prédominance privée. Elle a permis à la Côte d'Ivoire d'avoir un secteur électrique très performant et compétitif qui fait de ce pays une puissance énergétique en Afrique de l'Ouest à travers l'exportation croissante d'électricité dans plusieurs pays de la sous-région. La Compagnie ivoirienne d'Électricité « CIE », société anonyme qui a remplacé EECI, et trois autres producteurs indépendants assurent la production d'électricité en Côte d'Ivoire. La capacité installée nationale, qui s'élève selon les dernières statistiques à 1975 MW devrait doubler et atteindre 4000 MW en 2020 et 6000 MW en 2030, ambitionne ce pays où de nouveaux projets de génération d'énergie électrique sont en cours de réalisation.

Tableau N°7 : Evolution de la desserte en électricité en Côte d'Ivoire (en % de la population)

DESSERTE	1998	2002	2017
Zone urbaine	78,41	83,92	94,30
Zone rurale	21,38	24,95	36,59
Moyenne nationale	45,53	51,40	65,64

La réforme du secteur de l'électricité de la Côte d'Ivoire met en exergue les éléments caractéristiques suivants :
- Une réforme du cadre juridique et institutionnel
- La libéralisation du secteur dans le but de mobiliser le financement auprès du secteur privé
- La privatisation effective de la société nationale d'électricité, en plusieurs phases
- L'entrée des producteurs indépendants dans le secteur
- Création d'une agence d'électrification rurale
- Création de l'autorité de régulation.

Volonté politique

Comme pour le Sénégal, la réforme de l'électricité a été favorisée par l'implication et la détermination encore plus tranchées des autorités politiques en Côte d'Ivoire. Plus qu'une simple réforme, c'est une véritable révolution qu'a connu le secteur d'électricité dans ce pays, en particulier entre 2011 et 2019. L'amélioration de la situation énergétique pendant cette période a été très remarquable.
La démarche en Côte d'Ivoire a été presque la même que celle du Sénégal. Elle est partie d'une bonne planification stratégique qui a mis l'électricité et les infrastructures d'appui à la relance de l'économie au centre de la transformation structurelle de l'économie nationale. Le Plan national de Développement « PND » 2012-2015, ayant été considéré par les partenaires de la Côte d'Ivoire comme crédible, a permis à ce pays de mobiliser suffisamment de financement auprès de ses bailleurs de fonds traditionnels et encore davantage auprès du secteur privé. Ces fonds ont couvert les besoins de financement notamment dans le secteur d'électricité qui est devenu assez rapidement le plus performant et le plus compétitif de la sous-région d'Afrique de l'ouest. Le succès unanime de ce PND a inspiré et donné lieu à sa deuxième phase 2016-2020 avec le Programme d'Électricité Pour Tous « PEPT » à l'horizon 2020, année à laquelle les dirigeants ivoiriens ont ambitionné d'atteindre l'émergence.

4.6.3 Cas du Cameroun

Compte tenu de sa proximité géographique avec la RD Congo, son appartenance à la Sous-région d'Afrique centrale, ses potentialités énergétiques importantes et ses réalités politiques, l'expérience camerounaise dans la réforme du secteur d'électricité est un cas très intéressant à rapprocher au processus de développement de l'électricité en RD Congo. Ayant bien compris l'utilité de l'énergie électrique pour le développement économique et l'amélioration du bien-être des populations, le Cameroun a eu à se lancer dans la réforme de son secteur d'électricité avec une action forte en décembre 1998, en l'occurrence la promulgation d'une nouvelle loi régissant le secteur de l'électricité. Cette loi entendait définir une nouvelle organisation institutionnelle du secteur électrique et jeter les bases de l'organisation d'un marché concurrentiel de l'électricité.

La réforme, qui poursuivait comme objectifs notamment : (i) mobiliser les financements privés pour développer l'électricité et (ii) arriver à fournir l'électricité à des prix compétitifs aux industries et aux populations, comportait deux volets, à savoir :

- Doter le secteur d'une nouvelle organisation institutionnelle caractérisée par la séparation entre l'opérateur, l'administration et le régulateur ;
- Ouvrir l'industrie à la concurrence en lieu et place du monopole d'État inefficient qui avait caractérisé la période précédente.

En rapport avec le premier volet de la réforme, dans la foulée, une Agence de régulation du secteur d'électricité avait été créée ainsi que celle chargée de l'électrification rurale. L'État s'est retiré des activités de production d'électricité au profit des opérateurs privés et dans ce nouveau contexte la Société nationale d'Électricité du Cameroun « la SONEL », qui était déjà une entité d'économie mixte à sa création en 1974, va ouvrir son capital à AES corporation en 2011 pour former AES-SONEL qui cédera sa place à Energy of Cameroon « ENEO Cameroon Sa » après le rachat par Actis de 56% du capital de AES-SONEL. De manière progressive, la production d'électricité va être assurée

par un opérateur dominant du secteur privé qui a absorbé les quelques petits producteurs indépendants ; tandis que le transport d'énergie est resté sous la gestion d'une entité publique.
S'agissant du second volet relatif à l'ouverture de l'industrie à la concurrence, elle s'est concrétisée par l'ouverture du segment de la production aux producteurs indépendants d'électricité comme dit plus haut, par une ouverture progressive à la concurrence dans la vente d'électricité et aussi par la mise en place de nouvelles dispositions tarifaires pour permettre aux opérateurs de faire du profit.
La loi de 1998 sus évoquée a été abrogée par la loi N°2011-022 du 14 décembre 2011 pour régir le secteur de l'électricité en vue de le moderniser et le développer pour en faire une industrie lourde de l'économie camerounaise. La législation évolutive du secteur d'électricité dans les différentes expériences examinées montre bien que la réforme dans ce secteur est un véritable processus dynamique qui doit être adapté à l'environnement économique et social du pays ; il s'ajoute à cela, au début du vingt et unième siècle en cours, l'impérieuse nécessité d'intégrer dans ce processus les exigences écologiques qui s'imposent pour limiter l'accélération du changement climatique.

Tableau N°8 : Évolution du taux d'accès à l'électricité au Cameroun (en % de la population)

DESSERTE	1998	2002	2017
Zone urbaine	79	78,66	93,20
Zone rurale	10,18	13,76	21,29
Moyenne nationale	40,70	44,10	61,40

Au Cameroun la réforme a adopté la même approche qu'en Côte d'Ivoire et les étapes similaires au Sénégal et Côte d'Ivoire.
Aussi bien les composantes que les enjeux de la réforme sont restés les mêmes à travers les différentes expériences des pays africains repris ci-haut, à savoir :

- L'ouverture progressive de l'électricité au secteur privé ;
- La libéralisation du secteur et la naissance des producteurs indépendants d'électricité ;
- La création d'une autorité de régulation du secteur d'électricité ;
- La création d'une agence d'électrification rurale.
- L'intégration du développement de l'électricité dans le programme économique national.

Volonté politique

Elle est moins affirmée au Cameroun qu'au Sénégal et en Côte d'Ivoire.

Le Cameroun a inscrit son électrification en bonne position dans son Document de Stratégie pour la Croissance et l'Emploi « DSCE » qui est le cadre de référence de l'action économique et sociale entre 2010 et 2020. Ce, après avoir réalisé que ce facteur de production a été l'une de causes de la contre-performance du Document de Stratégies pour la Réduction de la Pauvreté « DSRP » en tant que plan d'actions pour le développement national.

En effet, malgré la mise en œuvre du DSRP au début des années 2003, l'économie camerounaise n'a pas connu de changement structurel notable, elle a continué de faire face à un certain nombre de défis qui l'ont empêché d'atteindre des résultats escomptés. Elle est demeurée fragile et entravée par des lacunes structurelles relatives à la faible compétitivité du secteur productif et aux inefficiences des facteurs de production clés que constituent les infrastructures et l'énergie. L'énergie, en particulier l'énergie électrique, étant donné le grand potentiel du Cameroun dans ce domaine, a été retenue comme une stratégie de croissance du DSCE.

À travers la réalisation des programmes d'entretien, de réhabilitation et de développement de la capacité énergétique du pays, le Cameroun s'est engagé à résorber définitivement le déficit structurel dans ce domaine, à accompagner les besoins énergétiques pour l'atteinte des objectifs de croissance escomptés, à devenir un exportateur d'électricité et contribuer ainsi à l'équilibre de la balance commerciale du pays. Ila été

envisagé de porter à l'horizon 2020 les capacités de production du pays à 3 000 MW par des actions de court, moyen et long termes, correspondant aux objectifs spécifiques. Ces actions ont consisté à construire des centrales hydroélectriques et thermiques sur plusieurs sites parmi lesquels ceux qui présentaient un potentiel à l'exportation d'énergie. Le coût global de ce programme décennal se chiffre à près de francs CFA 5 853 milliards pour les ouvrages de production et de transport d'électricité par grands réseaux et francs CFA 663 milliards pour le programme d'électrification rurale.[23]
Le déficit en matière de production a été évalué à environ 300 MW en 2017 durant la saison sèche avec une demande qui devrait augmenter de plus 8 % par an jusqu'en 2035. En tenant compte, le Cameroun s'est fixé pour objectif de porter la production à 6000 MW à l'horizon 2030 ; ceci grâce à plusieurs projets actuellement en préparation dont la réalisation sera appuyée par des partenaires au développement tels que la BAD.[24]
Le Cameroun a ainsi élaboré un programme cohérent de développement de l'électricité pour moderniser et rendre plus compétitif son secteur productif d'une part et améliorer le bien-être de sa population d'autre part. La plupart des sites à développer cités dans le DSCE ont été effectivement construits et d'autres en train de l'être. Les résultats de réforme des secteurs électriques au Sénégal, en Côte d'Ivoire et au Cameroun ont été tangibles et bien meilleurs que la situation en RD Congo malgré que les stratégies du processus ont été les mêmes dans ces quatre pays de la zone subsaharienne.

---

[23] Tiré du DSCE.
[24] BAD, *Revue synthétique des résultats pays*, édition 2017.

Figure N°8 : Évolution de la desserte en électricité en RDC, Sénégal, Côte d'Ivoire et Cameroun en % de la population

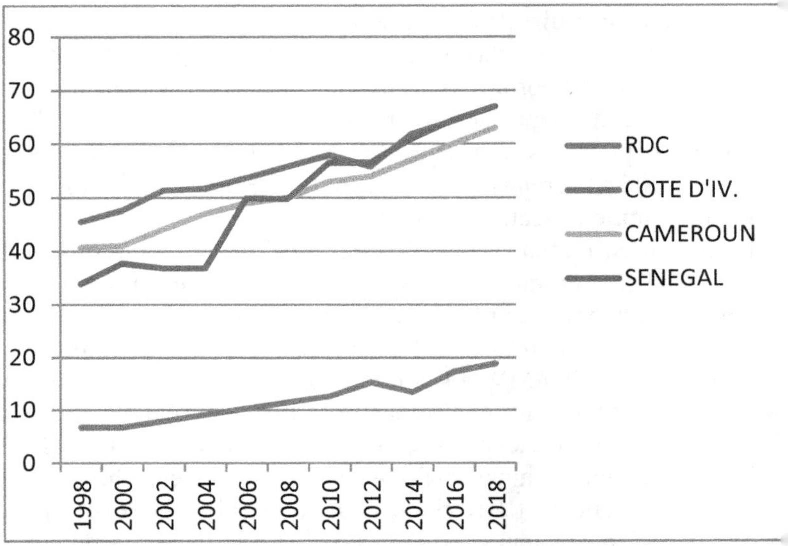

Cette figure est très éloquente et présente assez bien la problématique de l'ouvrage. On peut en tirer notamment les enseignements suivants :

(i)Le Sénégal, la Côte d'Ivoire comme le Cameroun lancent la réforme de leurs secteurs énergétique ou électrique vers la fin de la décennie 90, bien plutôt que la RD Congo dont l'accès à l'électricité était beaucoup plus faible pourtant ;

(ii)En 1998, l'accès à l'électricité dans ces autres pays est déjà à un niveau bien meilleur qu'en RDC ;

(iii)Le Sénégal, pays comparativement plus pauvres en ressources énergétiques, réalise la performance la plus importante en faisant croître son taux d'accès à l'électricité de 33,9% en 1998 à 67% en 2018, soit du simple au double. Ce pays a accru son taux de 13,1% en deux ans entre 2004 et 2006 et de près de 7% entre 2008 et 2010 ;

(iv)La RDC qui est entrée dans le processus de réforme du secteur électrique en 2009, aussi tard, a accru le taux d'accès à

l'électricité de sa population de 12% en 2009 à 18,9% en 2018, soit une croissance de 6,9% en 09 ans, bien malgré l'abondance de ses ressources énergétiques ;
(v)En 2018, la RDC arrive à un taux de desserte en électricité de près de 19%, plus que trois fois moins que les autres pays sous étude;
(vi)Les quatre pays en comparaison ayant appliqué des réformes similaires, les causes de la contre-performance de la RDC sont plus à chercher dans les facteurs qualitatifs et ses réalités sociopolitiques qu'au niveau des facteurs matériels uniquement.

La RD Congo s'est à son tour engagée dans le processus de réforme de son secteur d'électricité pour arriver à résoudre le handicap crucial de son déficit énergétique croissant qui ne permet pas au pays de se développer dans tout son potentiel. Mais cette réforme s'avère avoir été difficile à mener et le résultat est loin de satisfaire. Le processus de réforme de la RD Congo a beaucoup focalisé sur les aspects techniques de secteur d'électricité nationale et semble avoir sous-estimé la pesanteur des réalités sociopolitiques locales. Cependant certains pays africains ont pu changer leur situation énergétique et amorcé des progrès socioéconomiques soutenus, notamment le Sénégal, la Côte d'Ivoire ou le Cameroun. Leur exemple encourageant peut inspirer pour mener notre propre révolution dans le secteur d'électricité.

Vouloir, c'est pouvoir
Vieil adage français, tellement vieux et devenu vulgaire qu'on ne s'intéresse plus à savoir qui en fut l'auteur en réalité. Le temps a presque eu raison de sa quintessence, le jetant dans le panier de banalités.
Cependant, l'adage garde tout son sens dans le cas d'un pays comme la RDC mis à l'épreuve, face à son destin et au besoin de son développement.
La persévérance et la détermination, dont les Congolais ont tant besoin, sont des atouts indispensables pour assurer le progrès et le mieux-être dans l'environnement compétitif, voire concurrentiel su 21e siècle en cours. Mais il faut vouloir d'abord.

Chapitre 5
Au-delà du document de politique du secteur de l'électricité

Le DPSE a défini la réforme du secteur de l'électricité de la RD Congo ; il en a fixé l'objectif, présenté le contenu et même la démarche à suivre. Le résultat dérisoire du processus près de 11 ans après suscite une remise en question de l'adéquation entre le mal et le remède qui a été préconisé. Il est à croire qu'il faut enrichir les préconisations du DPSE, en insistant sur les pesanteurs propres à la RD Congo, qui ont quasiment dilué cette réforme du secteur d'électricité.
Ce chapitre veut répondre à cet objectif à travers ses deux grands points consacrés à la critique des stratégies de la réforme qui, de toute évidence, sont insuffisantes pour amener au changement significatif, pour le premier point, et une explication détaillée sur un certain des préalables indispensables pour assurer la réussite du processus en RD Congo, pour le second point.

5.1. Critique des stratégies de la réforme

C'est certainement très ambitieux de prétendre apporter des compléments pertinents à une œuvre qui a mobilisé la meilleure expertise nationale avec tous les appuis des partenaires techniques de la RD Congo pendant une longue durée et ayant fait l'objet de validation en plusieurs étapes jusqu'à l'adoption par le Gouvernement.

Depuis le moment de la validation du DPSE par le Gouvernement jusqu'à ce jour, des années sont passées et les résultats ne sont venus ni dans l'ordre de grandeur envisagé, ni au moment où ils étaient attendus. En effet, censée atteindre 33% en 2020, la desserte en électricité stagne encore en dessous de 20% en RDC, avec environ 1% de la population seulement qui accède à l'électricité en milieu rural.[25]

Légitimement, devant pareille pauvreté de résultat obtenu, il naît un devoir collectif d'interroger pour connaître les raisons qui expliqueraient la désastreuse contre-performance de la politique énergétique nationale dont dépend le développement économique et social du pays. De la manière dont la situation sectorielle évolue, la RDC a déjà pris le risque de manquer le rendez-vous universel de l'énergie durable pour tous en 2030, même si des changements profonds dans les approches étaient opérés d'ici à cette échéance.

Le constat de manque de progrès ou de résultat devient un regret amer, définitif dès lors qu'il est vrai que les opportunités qui passent ne sont pas récupérables et celles à venir sont plutôt de nouvelles opportunités. *Le temps c'est de l'argent* avait dit Benjamin FRANKLIN dans le contexte de l'esprit capitaliste dominant de son époque, époque pendant laquelle le temps devait être utilisé pour faire du profit. Il fallait s'empêcher de commettre le crime de le gaspiller.

En RDC on a laissé s'écouler beaucoup de temps sans développer l'énergie électrique malgré l'abondance des ressources dans ce domaine, beaucoup de temps gaspillé en effet comme ces masses d'eau du majestueux fleuve Congo qui vont à chaque seconde se jeter dans l'océan Atlantique et s'y perdre, sans que l'importante quantité d'énergie cinétique de leur courant ait été dûment exploitée. Opportunités perdues, à jamais !

Appuyons-nous sur les expériences encourageantes d'électrification des autres pays subsahariens qui ont réussi pour trouver un fondement à notre optimisme de continuer d'espérer l'électricité pour une majorité croissante de la population congolaise et divers autres consommateurs. Le document de

---

[25] BAD, Rapport d'évaluation du projet d'électrification périurbaine et rurale, 2010 pg. 5.

politique du secteur de l'électricité validé en 2009 et le schéma qu'il préconise pour accroître l'accès à l'électricité, mis à l'épreuve, s'avèrent dans l'absolu être perfectibles, comme toute une œuvre humaine d'ailleurs. Son âge (11 ans) recommande qu'il soit revisité, actualisé et enrichi avec les connaissances nouvelles et en fonction de l'évolution contextuelle.

Se limiter à commenter la politique et l'évolution du secteur d'électricité, survoler les facteurs favorables et ceux défavorables à l'émergence de l'électrification, qui est un facteur pour la diversification économique et un moteur du développement économique et social, ne serait que faire de la critique aisée. Au-delà de cette critique, il faut proposer une autre vision avec de nouvelles considérations ou un autre schéma du développement du secteur électrique qui prendrait en compte des aspects cruciaux pouvant faire la différence avec le passé.

Le schéma du document de politique du secteur de l'électricité se décrit dans une logique très simple, il fixe un objectif, à savoir : *Couvrir progressivement et de façon équilibrée, les besoins en électricité dans tous les secteurs d'activités (domestiques, publics, et industriels) sur tout le territoire national et développer concomitamment une politique d'exportation d'une partie de l'énergie électrique, par un approvisionnement en électricité dans les meilleures conditions de fiabilité, de prix et de protection des écosystèmes.* Le document décrit les stratégies pour atteindre cet objectif, notamment *la mise en place d'un nouveau cadre légal réglementaire et institutionnel, la réforme de la SNEL, la gestion des ressources énergétiques pour élaborer un plan directeur d'électrification nationale et la participation à des projets d'intégration régionale en matière d'électricité.*

L'objectif a été mesuré pour 2025, année à laquelle le pays est supposé atteindre une desserte de 60% de la population, avec un indicateur intermédiaire pour 2020, année à laquelle la desserte est sensée atteindre 33%.Inutile de préciser que l'accès à l'électricité n'a pas brillé entre 2009 et 2020, se situant à moins de 20%, taux par ailleurs souvent remis en question à cause de multiples délestages, interruptions brusques d'alimentation et une fourniture en énergie électrique de mauvaise qualité. L'objectif a certes été fixé, mais manifestement les moyens pour

l'atteindre et les mécanismes de suivi-évaluation n'ont pas eu grand écho dans le document de politique. L'identification des responsabilités de différents acteurs a également été négligée. Bien que chaque acteur soit sensé connaître son rôle à jouer dans la réforme, procéder sans responsabilisation claire assure un échec orphelin !
Il convient aussi de dire un mot sur les stratégies mises en place pour atteindre l'objectif principal d'accroître l'accès à l'électricité et en favoriser l'exportation. À regarder de près les stratégies énoncées dans le DPSE, à savoir la réforme du cadre légal, réglementaire et institutionnel, la réforme de la Snel, la valorisation des ressources énergétiques comme la participation aux projets d'intégration régionale en matière d'électricité, impliquent elles-mêmes, pour s'accomplir, des processus assez longs et difficilement maîtrisables par le Ministère en charge de l'électricité uniquement étant donné leur caractère transversal.
À titre illustratif, la réforme de la Snel, relevant du Ministère du Portefeuille presque exclusivement et diligentée par celui-ci dans une atmosphère de rivalité avec le Ministère de l'Energie, est une œuvre inachevée à plus de 50%, pas plus que celle des autres entreprises de l'État. La valorisation des ressources énergétiques quant à elle nécessite des investissements hors de portée du budget national et se fait attendre, tandis que la participation du pays aux projets intégrateurs au niveau régional en matière d'électricité s'est transformée en une forte dépendance de la RD Congo vis-à-vis des pays limitrophes moins dotés en ressources, mais qui lui vendent l'électricité péniblement payée. D'ailleurs en cette matière les espoirs suscités par l'élan d'Inga III et grand Inga se sont littéralement émoussés même pour les partenaires au projet les plus patients.

5.2 Préalables inéluctables à l'électrification

D'autres pays, notamment africains, se sont engagés dans la voie d'améliorer l'accès à l'électricité avec des succès variables. Leur exemple décrit au chapitre IV précédant peut inspirer la RD Congo pour redresser sa trajectoire d'électrification. La réforme du secteur d'électricité est un vaste et ambitieux programme. De par ce fait cette réforme exige des engagements et des actions appropriées sur lesquels le document de politique énergétique nationale n'a pas insisté, lorsqu'il ne les a pas carrément éludés. Ces considérations ont fait la différence entre les pays qui ont réussi et ceux qui attendent de réussir. Il s'agit, pour les plus pertinentes, des éléments suivants.

5.2.1 Volonté politique et détermination

> *« L'engagement est ce qui transforme une promesse en réalité »*
> Abraham LINCOLN, Président des Etats Unis 1860-65

Le concept est à la mode, il est évoqué en particulier s'agissant des leaders africains dont les sociétés ne progressent pas, en tout cas pas autant que nécessaire ou autant qu'on a promis. Il se déduit que les promesses faites n'ont pas suffisamment engagé leurs auteurs à les réaliser. C'est le lieu d'emprunter la pensée à Jennifer Cooke, Directrice du Programme Afrique au Centre d'études stratégiques et internationales (CSIS), selon qui *« La volonté politique est l'incitation à donner suite aux engagements déclarés et aux lois ».*

La détermination évoquée ici réfère à la détermination engageante du Politique et ses concitoyens qui amène le responsable à déployer les efforts et moyens nécessaires pour réaliser sa promesse.

La volonté politique et la détermination se mesurent par le rapport entre la promesse et le changement apporté par la réalisation de cette promesse. Cet engagement et la détermination à atteindre l'objectif ne sont pas perceptibles dans tout le processus de réforme structurelle du secteur d'électricité.

On ne s'émeut pas beaucoup que la desserte en électricité ait stagné à 20% ou moins, au lieu de 33% attendu en 2020, pas plus que de l'engagement du Gouvernement de payer les factures de consommation publique d'électricité qui est son apport au contrat programme avec la SNEL, engagement souvent non tenu. Il faut espérer que la mesure controversée de fourniture d'énergie électrique aux populations dans le cadre de l'accompagnement

social pour atténuer les affres de la crise liée à la Covid 19 soit honorée par le Gouvernement pour éviter que la facture y relative n'aille s'ajouter aux arriérés précédents dus par l'État.
Étant donné que dans la plupart des cas les changements et les réformes, utiles soient-ils, rencontrent l'opposition des masses populaires à la merci de mauvais génies qui tirent des dividendes dans le statuquo, la volonté politique et la détermination sont la clé de voute pour réussir les restructurations profondes dont la RD Congo a tant besoin pour améliorer le bien-être collectif de ses citoyens. Selon la Banque mondiale, une des institutions qui apportent un grand soutien au développement social en Afrique subsaharienne, *les pays qui enregistrent des progrès incontestables en matière d'expansion de l'accès à l'électricité depuis quelques années présentent plusieurs facteurs communs, et notamment la pérennité de l'engagement politique et du soutien financier (au secteur), la mise en place des incitations et mesures favorables, la solidité des institutions...*[26]
Évidemment, on peut convenir qu'il n'aurait pas été aisé à l'équipe d'experts d'aborder des dimensions qui pourraient être considérées comme sensibles dans un travail hybride, à caractère à la fois administratif et technique, parrainé par l'autorité politique et qui devait par ailleurs être validé par des instances politiques.
Dans l'univers politique on s'accommode peu de la critique et des observations des experts ; les experts ont ainsi appris au fil de temps à complaire, pour la survie de la carrière.

5.2.2 Bonne gouvernance

De toutes les publications exploitées dans le cadre des recherches pour écrire cet ouvrage, aucune ne s'est empêchée de fustiger la mauvaise gouvernance et la faiblesse des institutions de la RD Congo, incapables de piloter de grandes réformes. La bonne gouvernance revêt donc tout son sens et il importe de comprendre qu'elle peut apporter beaucoup à une réforme de l'ampleur de celle qui est voulue pour le secteur d'électricité de la RD Congo.

---

[26] Banque mondiale, L'accès à l'énergie est au cœur du développement, avril 2018.

La Banque mondiale, agacée par des critiques sur le faible impact de sa politique d'aide au développement aux pays moins avancés, déterre et vulgarise le concept de la bonne gouvernance au début de la décennie 1990 en le définissant comme *étant la manière dont le pouvoir est exercé pour gérer les ressources nationales économiques et sociales consacrées au développement. Elle renchérit que l'aspect essentiel de la bonne gouvernance réside dans une action gouvernementale prévisible, transparente et éclairée, dotée d'une bureaucratie imbue d'éthique professionnelle et d'un exécutif comptable de ses actions.*[27]
Cette compréhension approche l'acception générale de la bonne gouvernance selon le dictionnaire politique qui la définit comme« *la manière dont un gouvernement exerce son autorité économique, politique et administrative et gère les ressources d'un pays en vue de son développement ».*La gouvernance, la bonne, a "pour but de fournir l'orientation stratégique, de s'assurer que les objectifs sont atteints, que les risques sont gérés comme il faut et que les ressources sont utilisées dans un esprit responsable". Elle veille en priorité au respect des intérêts des "ayants droit" (citoyens, pouvoirs publics, partenaires, actionnaires...) et à faire en sorte que leurs voix soient entendues dans la conduite des affaires.
Plus simplement, la bonne gouvernance réfère à un type de comportement citoyen des responsables publics, en l'occurrence, qui doivent travailler pour le bien-être de la collectivité dans le respect des lois et des règles et lui en rendent compte. La réforme du secteur de l'électricité dont on parle a pour but ultime l'amélioration de l'accès à l'électricité pour tous les utilisateurs sur toute l'étendue du territoire et l'exportation du surplus vers d'autres pays. Atteindre cet objectif suppose accroître sensiblement la capacité nationale à produire, transporter et distribuer l'électricité ; ce qui se traduit par la mise en œuvre d'importants projets très coûteux. La réussite d'un tel programme pose la bonne gouvernance comme à la fois préalable et moyen pour son accomplissement. La réforme a été préconisée depuis 2009, sa mise en œuvre a pris énormément de retard qui pose le problème de la gouvernance et du leadership pour ce programme.

---

[27] Banque mondiale, *Gouvernance et développement,* 1992, p. 4. et Sv.

Les aspects relatifs à la gouvernance ont été certes repris dans la stratégie de la politique de développement de l'électricité et notamment en évoquant la réforme de l'administration publique et de la Snel, en des termes généraux s'agissant d'un point aussi critique. Là aussi on peut comprendre qu'il n'a pas été aisé aux experts d'être tranchants dans un document technico-administratif. Il faut bien se garder de heurter la sensibilité de ceux qui décident. Le silence africain qui consiste à ne pas critiquer le chef, mais à flatter est un comportement de ceux qui refusent le développement.

5.2.3 Questions relatives au capital humain

Le facteur humain tel qu'abordé ici est une question assez vaste qui part du leadership aux qualités éthiques en passant par la capacité technique comme critères dans le choix des personnes appelées à mener de programmes. De ce point de vue, il est unanime que le secteur d'électricité à travers plusieurs programmes et projets sectoriels, dont la réforme en question, ne peut pas être cité comme un bon exemple. Il convient de faire de bon choix des animateurs pour soutenir le leadership politique qui pilote des projets. Le leadership politique doit être éclairé et suffisamment fort, en mesure de s'exprimer pour donner les meilleures orientations. L'on ne saurait s'empêcher d'évoquer la cascade de changements des nombreux responsables politiques et administratifs qui se sont succédé au Ministère en charge de l'électricité entre 2009 et 2020, chacun prenant le risque de travailler avec une idéologie, une approche voire une équipe différente.

La capacité de planification mérite aussi d'être évoquée sous cette rubrique. La planification dans le secteur de l'électricité au regard des écarts énormes entre les prévisions et les résultats, ainsi que les dépassements de délai généralisés dans la mise en œuvre des programmes posent le problème de la qualité et du réalisme des plans d'actions. Ces plans seraient-ils irréalistes, utopiques ou démagogiques ou simplement ils ne sont pas suivis !

5.2.4 Attractivité du pays et du secteur

Aussi bien le pays que le secteur d'électricité restent encore peu attractifs aux investissements, en dépit, pour le secteur, de la mise en place progressive d'un nouveau cadre juridique et institutionnel qui a largement tiré en longueur.

Le pays

La RD Congo, avec ses ressources naturelles scandaleuses, est un pays réputé à haut risque ; l'histoire politique et économique nationale en dit long. Devant cette situation préjudiciable, des efforts ont été entrepris avec l'appui des partenaires au développement pour faciliter les investissements et les affaires au pays, avec un indicateur de référence le fameux « Doing business ».

Le classement de la RD Congo sur ce critère reste stable au bas de l'échelon. Le pays vogue entre les dernières places, parmi les dix moins sûrs et moins attractifs du monde.

Les administrations de la RD Congo sont réputées d'avoir la particularité de résister ou rejeter les réformes structurelles recommandées par les partenaires au développement, comme ils le demandent à tous les pays en programme avec eux. Cette résistance à l'amélioration et au changement est souvent le fait des groupes de gens qui privilégient et protègent leurs intérêts individuels. Parmi leurs butins de guerre les plus emblématiques se comptent l'arrêt, voire l'échec de la transformation des entreprises publiques dont la situation aujourd'hui n'est pas meilleure qu'avant.

Le malade le plus exposé est celui qui n'a pas conscience de son état, refuse le traitement prescrit et va jusqu'à défier son soigneur.

Le secteur

Il y a eu peu d'investissements significatifs dans le secteur de l'électricité depuis l'accession du pays à l'indépendance. Après la construction de deux phases d'Inga (1970 et 1982), 30 ans environ se sont écoulés avant de voir de nouvelles initiatives de construction de centrales hydroélectriques de Katende, Kakobola et Zongo II qui tardent à délivrer leur premier mégawatt.

Si la question de monopole de fait de la Snel dans le secteur et celle de l'anachronisme du cadre juridique ont été adressées avec la loi n°14/011 relative au secteur d'électricité, une question fondamentale est restée pendante. Il s'agit de la question du prix de l'électricité. Autrefois évoqués comme avantage pour les clients de la Snel, les tarifs bas d'électricité décidés par les autorités politiques ont ruiné l'Entreprise et le secteur a été considéré de ce fait comme non rentable. Ainsi l'électricité est restée l'apanage des investissements publics essentiellement. Or les fonds publics se sont avérés insuffisants pour financer le développement du secteur dans un pays qui a vu ses besoins énergétiques exploser sous la pression de l'industrie minière, de la croissance démographique et de l'exode rural.

La question du prix d'électricité est reprise dans la stratégie du développement d'électricité et dans la nouvelle loi sectorielle. Le document de politique du secteur de l'électricité a repris le tarif d'électricité comme un problème qui entrave le développement de l'électricité ; mais aussi en tant qu'élément de la nouvelle stratégie de relance sectorielle qui prévoit la création de l'autorité (nationale) de régulation du secteur d'électricité dont la mission est notamment :

- ✓ *de veiller à l'équilibre économique et financier du secteur de l'électricité et à la préservation des conditions économiques nécessaires à sa viabilité ;*
- ✓ *de fixer les tarifs aux consommateurs finaux sur la base des éléments de la structure de prix déterminés par le ministre de l'Économie. Ces tarifs qui doivent couvrir l'ensemble des coûts nécessaires à la fourniture du service y compris les charges financières, la marge bénéficiaire du délégataire, la redevance ou les loyers pour les biens mis en délégation et toutes autres charges imposées par l'État seront soumis à l'homologation du ministre de l'Économie ;*
- ✓ *de fixer le tarif d'utilisation des réseaux de transport et de distribution sur la base des éléments de coût fournis par les opérateurs ;*

La nouvelle loi quant à elle est explicite en son article 23 qui stipule que *les tarifs d'électricité sont fixés selon les principes de vérité des prix, d'égalité, d'équité et de non-transférabilité de charges, celles-ci pouvant faire l'objet d'audit...*
Malgré cette expression d'une volonté éclairée, jusqu'à présent l'électricité, considérée comme matière stratégique, ploie sous un tarif administré et en dessous du prix de revient pour l'opérateur public, la Snel. Les quelques opérateurs privés qui sont actifs dans le secteur ont dû négocier âprement des tarifs meilleurs avec le ministère de l'Économie nationale. Mis à part l'aspect tarifaire, le recouvrement des factures pour les consommations publiques d'électricité est problématique pour la Snel, comme pour les opérateurs privés. Des améliorations sur ce point devraient concourir à augmenter l'attractivité du secteur.

5.2.5 Ressources financières

La mobilisation des ressources financières pour financer de grands investissements des États est devenue une science et un art ; certains pays ont développé des stratégies même très agressives pour attirer vers leurs économies les fonds souverains, les capitaux publics comme privés sur l'échiquier international: les Émirats arabes unis, Singapour, Malaisie... sont passés maîtres dans la pratique et ont pu financer leur développement très rapide. Le trait commun de ces pays, qui ont su allier la stabilité politique, la démocratie, la justice et le libéralisme économique, est l'image rassurante et très attractive qu'ils présentent au monde.
La mobilisation des ressources financières en elle-même constitue un enjeu sur lequel il faut travailler en profondeur et de façon méthodique pour arriver à lever les fonds nécessaires au financement des politiques publiques. C'est véritablement un problème dans un problème pour le cas de la RDC étant donné sa réputation et l'image qu'elle projette encore. L'électrification progressive de la RD Congo est l'objectif ultime visé par la réforme du secteur. Pour y arriver il sera nécessaire de développer plusieurs projets en vue d'améliorer quantitativement et qualitativement l'offre de l'électricité. Ces projets

d'investissement sont très coûteux et vont nécessiter une grande capacité de mobilisation des fonds.

Dans toute la documentation relative à la réforme du secteur de l'électricité, la problématique de mobilisation de fonds pour un pays pauvre comme la RD Congo est à peine évoquée. L'évaluation des besoins de financement est restée très approximative, les investissements à réaliser ne sont pas individuellement identifiés ou programmés et les stratégies à déployer pour avoir les capitaux ne sont pas bien définies. Espérons que le plan directeur d'électrification, annoncé déjà dans le document de politique de l'électricité, verra le jour et permettra de répondre à ces préoccupations.

Figure N°9 : Réforme dans une approche nouvelle

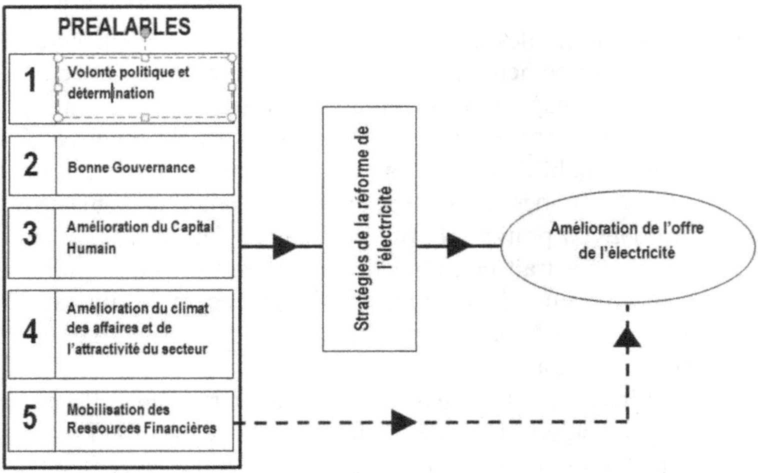

Les préalables ci-dessus sont indispensables pour réussir le développement du secteur d'électricité, le DPSE les a survolés ou minimisés. La ligne en traits discontinus indique une relation causale directe non présentée dans le DPSE. En effet, l'amélioration de l'offre énergétique découlera des investissements considérables à réaliser en faveur du secteur

d'électricité. La mobilisation des ressources financières, qui elle-même est tributaire des quatre préalables précédents repris dans le diagramme, est la clé de voute de la réforme du secteur d'électricité.
Selon le PNUD, qui cite la faible capacité nationale de financement et la forte dépendance au financement extérieur public et privé comme l'un des obstacles majeurs pour atteindre l'objectif d'énergie durable pour tous à l'horizon 2030 pour la RD Congo, les besoins en investissements nécessaires pour atteindre cet objectif ont été évalués, en 2011, à USD 66,767 milliards (costing sur 20 ans, 2011 - 2030).
Ce coût total de l'action est réparti entre l'accès universel à l'électricité, USD 43,841 milliards (soit 65,7 % du coût total), l'accès à la force motrice pour l'allègement des travaux féminins et la mécanisation des systèmes d'adduction d'eau potable et d'exploitations agricoles et artisanales, USD 15,2 milliards (soit 22,8 % du coût total), l'amélioration de l'efficacité énergétique du pays USD 3,577 milliards (soit 5,3 % du coût total), le développement des capacités de stockage et de transport/distribution des combustibles modernes, notamment hydrocarbures liquides et gazeux, USD 2,521millions USD (soit 3,8 % du coût total) et le renforcement des capacités institutionnelles et organisationnelles et Programme prioritaire d'urgence à court terme USD 1,628 milliards (soit 2,4 % du coût total).
Mobiliser de tels capitaux est une mer à boire pour la RD Congo, d'où la nécessité pour le pays de déployer une stratégie cohérente de mobilisation des ressources auprès du secteur privé national et international, des Fonds publics et privés d'investissement, des Institutions bancaires régionales et internationales, des Institutions de micro finance, de la coopération bi et multilatérale et des Agences du Système des Nations Unies.[28]
Les multiples réflexions et déclarations des experts s'accordent sur le besoin d'investir massivement pour l'essor du secteur électrique national avec une mobilisation moyenne annuelle de près de USD3, 5 milliards, cible compatible avec la préconisation

[28] PNUD, *Énergie durable pour tous à l'horizon 2030*, Rapport RDC, pg 4 et Sv.

du PNUD si elle était annualisée. La hauteur du montant reflète l'ampleur du travail à mener.
La question de mobilisation des ressources financières est survolée dans le document de politique de développement de l'électricité qui n'y a consacré que quelques lignes à sa soixantième page, en se limitant à identifier les sources possibles de financement, dont en premier lieu la coopération bi et multilatérale, un peu surprenant s'agissant d'une politique nationale. Tant s'en faut, cet étonnement a été mis en exergue lors des assises de l'électricité tenues à Kinshasa au mois de mai 2018 au cours desquelles l'UCM du Ministère en charge de l'électricité a fustigé, s'agissant des défis et résultats non satisfaisants du secteur d'électricité, notamment au plan financier :

- *la modicité du budget de l'état alloué aux activités du secteur dont une partie consacrée aux études bancables ;*
- *la dépendance aux financements extérieurs ;*
- *l'absence d'un mécanisme national de financement d'électrification facilitant l'octroi des prêts et des subventions pour le développement des infrastructures électriques.*

Des forums comme ces assises ne sont plus à compter en RD Congo. Plus récemment encore un groupe d'experts s'est retiré à Matadi, à 350 km de Kinshasa capitale du pays et à quelques encablures du célèbre site d'Inga pour se consacrer, de nouveau, aux réflexions sur le développement du secteur d'électricité de la RD Congo, avec comme points d'orgue la réforme controversée de la Snel et la réalisation de grand Inga, au moment où il est attendu la phase opérationnelle de l'électrification !
Au demeurant, le document de politique du secteur d'électricité a toutefois le mérite d'avoir élaboré une stratégie et prévu des actions pour le développement de l'électricité. Ces actions ont été essentiellement calées en 2009. Ce plan, jamais respecté ni suivi, n'a plus qu'une valeur historique et nécessite une réactivation.

En s'inspirant de l'expérience africaine sur la réforme du secteur de l'électricité et des résultats pauvres obtenus en RD Congo, l'on s'aperçoit que l'appréhension du concept au niveau national a été incomplète, en focalisant plus sur une analyse technique du problème. Les réalités spécifiques du pays qui ont plombé le processus de réforme, comme cela a été le cas pour plusieurs programmes auparavant, auraient dû être pris en compte sans ambages et faire partie intégrante de l'ensemble des mesures à mettre en œuvre pour développer le secteur électrique national.

Chapitre 6
Considérations finales

L'électricité n'a pas été inventée par l'homme, elle a toujours existé dans l'univers. L'homme, à travers ses recherches, est arrivé à découvrir l'utilité de cette nouvelle source d'énergie qui a relancé de nouveau l'industrie, après les exploits de la machine à vapeur. Avec le progrès de la technologie, l'électricité peut être générée massivement à partir des ressources énergétiques renouvelables et constituer une énergie propre, celle d'avenir qui permettra de limiter le réchauffement de notre planète.

Contrairement à la situation mondiale, le secteur électrique s'est plutôt contracté en RD Congo. Son importance économique y est encore dérisoire et pourtant sans le développement de ce secteur essentiel d'appui aux activités de production et de transformation, on ne saurait envisager l'avenir du pays avec optimisme. Le secteur électrique n'ayant pas été attractif, il reste marqué par le sous-investissement et le faible nombre d'opérateurs en RD Congo ; malgré l'abondance des ressources énergétiques qui aurait suscité un développement énergétique rapide comme sous d'autres cieux

Le mix énergétique du pays est dominé par la biomasse, essentiellement le bois de chauffe et ses dérivés (95%) à l'aube du 21e siècle. Ce pourcentage décourageant remet en cause la politique publique en matière énergétique. Cette politique publique n'a pas du tout fonctionné.

La RD Congo s'est engagée à partir de 2009 dans le processus de réforme de son secteur d'électricité pour arriver à résoudre le handicap crucial de son déficit énergétique croissant qui ne permet pas au pays de se développer dans tout son potentiel, sans succès ; sous l'effet des pesanteurs sociopolitiques propres au pays. En opposant les expériences réussies en Afrique sur la réforme du secteur de l'électricité aux résultats pauvres obtenus en RD Congo, l'on s'aperçoit que l'appréhension du concept au niveau national a été incomplète, en focalisant plus sur une analyse technique et matérielle du problème. Les réalités spécifiques du pays qui ont plombé le processus de réforme, comme cela a été le cas pour plusieurs programmes auparavant, auraient dû être prises en compte sans ambages et faire partie intégrante de l'ensemble des mesures à mettre en œuvre pour développer le secteur électrique national.

L'électrification de la RD Congo est une problématique assez vaste en raison de son caractère multidimensionnel et pluridisciplinaire. On ne peut pas prétendre épuiser le sujet dans cet ouvrage dont le but a été plutôt de remobiliser les différents intervenants afin que des progrès tangibles, longtemps attendus, soient accomplis dans le secteur énergétique national. Du point de vue opérationnel, la construction des capacités nécessaires pour donner l'énergie électrique aux nombreux Congolais et aux secteurs d'activités, qui en demandent, est un vaste chantier à ciel ouvert coûteux et complexe pour un pays qui est appelé à travailler intensément et en même temps sur plusieurs priorités sans ressources humaines, matérielles et financières suffisantes. L'électricité est indispensable, il n'y aura pas de développement économique et social remarquable en RD Congo, sans des efforts et des améliorations à la mesure du défi de la « sécurité électrique ».

Le développement du secteur d'électricité national reste du domaine du possible. Il est un objectif atteignable tellement pertinent qu'il ne devrait pas se réduire aux discours et intentions patriotiques des responsables nationaux qui voient toujours en grand la RDC, comme dans le scénario de l'objectif 80, prôné par un ancien Dirigeant national avec son Institut idéologique, qui situaient l'émergence de la RDC en 1980, mais une émergence naturelle sans des efforts et des actions appropriées. L'exemple des expériences édifiantes de quelques pays d'Afrique subsaharienne repris plus haut envoie un message encourageant. Si on s'inspire de l'engagement et de la détermination dont ces pays ont fait montre, le programme du développement de l'électricité est réalisable en RD Congo aussi.

Les forums, les conférences et les ateliers ont eu leur temps, il faut leur ajouter ce qui a manqué : les bonnes décisions et les actions appropriées, bien panifiées pour renverser le paradoxe de la coexistence prolongée de l'abondance des ressources et de la pauvreté généralement évoqué sur le cas d'école que constitue la RD Congo. D'ailleurs, s'agissant de ce paradoxe, très récemment un illustre ancien Premier ministre de la RD Congo venait de jeter un pavé dans la marre prenant à contrepieds la thèse de la malédiction des ressources naturelles derrière laquelle veulent se cacher certains dirigeants africains confrontés à l'échec de leurs politiques et à la misère croissante de leurs peuples. En effet, selon lui, il vaudrait mieux parler de la malédiction des Institutions qui manquent de leadership et ne pratique pas la bonne gouvernance. Seuls les pays où le binôme leadership-gouvernance est abouti étaient capables d'accéder au progrès économique et social.[29]

Mais l'œuvre sera de longue haleine au regard de l'état des lieux du secteur électrique en cette année 2020. On peut se permettre de considérer que le niveau de réalisation de l'électrification qui a été l'objectif ultime de la réforme du secteur de l'électricité est encore embryonnaire. Ce manque de performance doit interpeller toute bonne conscience.

C'est à cette interpellation que l'ouvrage a essayé de répondre, mais tout en convenant que la vraie réponse viendra de l'augmentation significative de l'offre de l'énergie électrique pour ceux qui en ont besoin : l'économie (les manufactures, les miniers, les industriels...), les ménages, le secteur public, le reste de l'Afrique et peut-être au-delà… En attendant le besoin en énergie continue de croître à un rythme considérable qui fait du déficit énergétique une urgence nationale autour de laquelle l'attention et les forces doivent se focaliser pour donner au pays le moyen d'améliorer significativement le bien-être des citoyens et lui donner un atout majeur à la diversification de son économie dominée par les activités extractives sans, ou avec peu de valeur ajoutée. D'ailleurs le développement de ces activités extractives est lui-même bloqué à cause de la pénurie énergétique.

Les ressources naturelles, ce que la nature offre gracieusement pour satisfaire au besoin de l'humanité et améliorer ses conditions d'existence, cadeau du ciel pour les croyants, sont destinées à être exploitées pour améliorer la qualité de la vie de

[29] MATATA Ponyo, Rebranding Africa Forum, 2019.

l'homme et ne devraient pas être considérées comme des valeurs contemplatives ou sentimentales.

Lorsque ces ressources ne sont pas exploitées, elles sont gaspillées, les opportunités qu'elles offrent sont perdues un peu comme le temps qui passe qu'on ne rattrapera jamais, en réalité. Ce sont là des réalités contrariantes qui valent un langage qui peut être jugé comme sévère, voire choquant, sciemment utilisé dans certains passages de cet ouvrage. Cela répond à la pédagogie qui a été choisie délibérément pour provoquer un choc positif destiné à susciter la remise en question auprès de tous les lecteurs et le changement des anciennes habitudes en comportement de développement !

L'autorité publique dans toute son extension et sa pluralité a plus focalisé la critique à travers plusieurs passages précédents, comme cela peut facilement être remarqué. En effet cela tient au rôle éminent que l'État est censé jouer pour le développement économique et social dans un pays. Dans son rôle l'État élabore les politiques publiques, veille à leur mise en œuvre et assure leur évaluation ; dans un système politique démocratique, cette notion intègre aussi l'obligation de « redevabilité ».

De par sa constitution la RD Congo est définie d'entrée comme un État social (Art. 1). Dans cet ouvrage, la compréhension de cet important concept, une forme apparentée à l'État providence qui s'est beaucoup développée dès le début du 20e siècle lorsque les idéologues se rendent compte des fractures et déséquilibres sociaux imputables au capitalisme original, s'inspire de sa dimension large que veut lui donner Christophe RAMAUX, à savoir : un État qui assure *la protection sociale, qui est très importante, les services publics, le droit du travail, la régulation des rapports de travail et la politique de l'emploi, et qui élabore les politiques économiques budgétaires, monétaires, industrielles, commerciales de soutien à l'activité et à l'emploi. La dépense publique étant censée assurer ou financer les deux premiers piliers de l'État social : la protection sociale et les services publics.*[30]

---

[30] RAMAUX Christophe, l'État social. Pour sortir du chaos néolibéral, Fayard-Mille et une nuits, 2012 pg 16 à 20.

La constitution de la RD Congo va encore plus en détail en son article 48 en affirmant que *le droit d'accès à l'énergie électrique est garanti par l'État.*
L'État congolais a ainsi des compétences sociales à travers lesquelles il doit assurer des fonctions sociales ou des services publics au bénéfice des citoyens. Ce rôle est accru dans les pays en développement où l'État doit aller au-delà des obligations régaliennes classiques ; il doit être un grand promoteur économique pour encourager et rassurer le secteur privé, dans le respect des règles de concurrence autant qu'il peut.
C'est clair, l'État ou autorité publique, en plus d'élaborer les politiques publiques, a un très grand rôle à jouer pour mobiliser les moyens humains, matériels et financiers nécessaires au développement énergétique. Puisque mobiliser ces moyens relève du possible, espérons encore !
Espérons, de cet espoir optimiste qui est réconforté notamment par les convictions du chercheur Théodore TREFON qui, après avoir passé plus d'une vingtaine d'années de recherches dans la gestion des ressources naturelles en RD Congo, est arrivé à conclure « *qu'à terme, les Congolais montreront la voie* ». Il a affirmé que *l'État (congolais) se réformera et se rétablira de lui-même.*[31]
En parcourant les publications de cet auteur critique on comprend qu'il a voulu référer aux qualités qu'il attribue aux Congolais qui sont à ses yeux intelligents et talentueux, à l'abondance des ressources naturelles, dont regorge le pays, nécessaires pour le développement et à l'éveil de cette population qui est de mieux en mieux informée notamment par les réseaux sociaux. Ces facteurs réunis favoriseront l'essor national.
Et c'est dans cet essor espéré qu'il faut inscrire les possibilités d'achèvement des projets en construction comme les centrales hydroélectriques de Kakobola, de Katende et de Zongo II et le lancement de nouveaux projets dont l'emblématique Inga 3 et sa suite, les initiatives du secteur privé dans le Lwalaba(avec Tembo power 75 mW environ), dans le haut Katanga(avec Kipay energy

[31] TREFON Théodore, Obstacles administratifs à la réforme en RD Congo, dans Revue internationale des sciences administratives, 2010.

& investments 125 mW), dans la région de Kinshasa (projet de la centrale hydroélectrique de Kinsuka 900 mW) et dans le Kongo central (avec Perenco pour une centrale thermique à gaz de 250 mW), dans la sous-région des pays des Grands Lacs avec le projet Ruzizi III de près de 150 mW.
Si ces projets venaient à être parfaitement réalisés, le paysage énergétique du pays changerait complètement et le baromètre de l'électrification qu'est la desserte en énergie électrique connaîtrait une progression considérable entraînant à coup sûr l'amélioration de la situation économique et sociale de la RDC et de ses milliers des consommateurs potentiels d'électricité qui attendent impatiemment.

Bibliographie

Textes juridiques

Constitution de la RD Congo
Loi N°14/011 relative au secteur de l'électricité
Lois N°98-29 et 2002-01 relatives au secteur d'électricité du Sénégal
Lois N°85-583 et 2014-390 relatives au secteur d'électricité de la Côte d'Ivoire
Lois N°98/022 et 2011/022 relatives au secteur d'électricité du Cameroun

Rapports et périodiques

GLOBAL SUSTAINABLE ELECTRICITY PARTNERSHIP, New electricity frontiers, rapport mai 2018
MERH, Rapport annuel SIE-RDC 2016
BANQUE CENTRALE DU CONGO, Rapport annuel 2018
PNUD, Énergie durable pour tous à l'horizon 2030, Rapport national RDC
AGENCE INTERNATIONALE DE L'ÉNERGIE, Rapport 2019
BAD, Rapport d'évaluation du projet d'électrification périurbaine et rurale, 2010
Revue Science et vie
DESTANE DE BERNIS Gérard, les industries industrialisantes et les options algériennes, tiers monde en l'an 2000, Revue tiers monde 1971
BAD, Revue synthétique des résultats pays (Cameroun), 2017

Données statistiques

AGENCE INTERNATIONALE DE L'ÉNERGIE, *Statistiques énergétiques*, éd. 2018
BRITISH PETROLEUM, "Production d'électricité", *Revue statistique* 2018
TOTAL, *Projection de l'approvisionnement énergétique mondial*

BANQUE MONDIALE, *Données statistiques sur l'électricité*
SUSTAINABLE ENERGY FOR ALL, *Base de données statistiques*

Ouvrages

Encyclopédie de l'énergie
DESARNEAU Gabrielle, *électrifiez durablement l'Afrique et l'Asie*, IFRI, Centre Energie, 2016
JANCOVICI Jean-Marc, *Transition énergétique pour tous*, Odile Jacob, 2013
MISSER François, *La saga d'Inga*, éd. l'Harmattan
ESSEQQAT Henri, *Les énergies renouvelables en RD Congo*, PNUE 2011
BANQUE MONDIALE, *L'accès à l'énergie est au cœur du développement*, 2018
BANQUE MONDIALE, *Gouvernance et développement*, 1992
RAMAUX Christophe, *L'État social. Pour sortir du chaos néolibéral*, éd. Fayard-Mille et une nuits, 2012
TREFON Théodore, "Obstacles administratifs à la réforme en RDC", dans *Revue internationale des sciences administratives*, 2010

Autres supports

MERH, *Document de politique du secteur d'électricité*
COPIREP, État *des lieux de la réforme de la Snel*
SECK NDOYE Maïmouna, *Présentation de la réforme du secteur de l'électricité du Sénégal*
Lettres de politique du développement du secteur énergétique du Sénégal 2003, 2008, 2012
Plan Sénégal Emergent
Plan national de développement de la Côte d'Ivoire 2012-15 et 2016-20
Document de stratégie pour la croissance et l'emploi du Cameroun
Document de stratégie pour la réduction de la pauvreté de la RDCongo

Annexe : listes des tableaux et des figures

Listes des tableaux

Liste des figures

Table des matières

Structures éditoriales du groupe L'Harmattan

L'Harmattan Italie
Via degli Artisti, 15
10124 Torino
harmattan.italia@gmail.com

L'Harmattan Hongrie
Kossuth l. u. 14-16.
1053 Budapest
harmattan@harmattan.hu

L'Harmattan Sénégal
10 VDN en face Mermoz
BP 45034 Dakar-Fann
senharmattan@gmail.com

L'Harmattan Cameroun
TSINGA/FECAFOOT
BP 11486 Yaoundé
inkoukam@gmail.com

L'Harmattan Burkina Faso
Achille Somé – tengnule@hotmail.fr

L'Harmattan Guinée
Almamya, rue KA 028 OKB Agency
BP 3470 Conakry
harmattanguinee@yahoo.fr

L'Harmattan RDC
185, avenue Nyangwe
Commune de Lingwala – Kinshasa
matangilamusadila@yahoo.fr

L'Harmattan Congo
67, boulevard Denis-Sassou-N'Guesso
BP 2874 Brazzaville
harmattan.congo@yahoo.fr

L'Harmattan Mali
ACI 2000 - Immeuble Mgr Jean Marie Cisse
Bureau 10
BP 145 Bamako-Mali
mali@harmattan.fr

L'Harmattan Togo
Djidjole – Lomé
Maison Amela
face EPP BATOME
ddamela@aol.com

L'Harmattan Côte d'Ivoire
Résidence Karl – Cité des Arts
Abidjan-Cocody
03 BP 1588 Abidjan
espace_harmattan.ci@hotmail.fr

Nos librairies en France

Librairie internationale
16, rue des Écoles
75005 Paris
librairie.internationale@harmattan.fr
01 40 46 79 11
www.librairieharmattan.com

Librairie des savoirs
21, rue des Écoles
75005 Paris
librairie.sh@harmattan.fr
01 46 34 13 71
www.librairieharmattansh.com

Librairie Le Lucernaire
53, rue Notre-Dame-des-Champs
75006 Paris
librairie@lucernaire.fr
01 42 22 67 13

www.ingramcontent.com/pod-product-compliance
Lightning Source LLC
LaVergne TN
LVHW051359061026
849535LV00009B/3270